Arik Brauer
Werkverzeichnis
Band 2 der Normalausgabe

Arik Brauer

Werkverzeichnis

Band 2 der Normalausgabe in drei Bänden

Harenberg

Titeletikett: «Der Mann ohne Winkelmaß» (siehe Band 1, Seite 279)

Frontispiz: «Sactification of the Holy Name» (siehe Seite 244)

Die bibliophilen Taschenbücher Nr. 427
© Harenberg Kommunikation, Dortmund 1984
Alle Rechte vorbehalten
Gesamtherstellung: Druckerei Hitzegrad, Dortmund
Printed in Germany

Inhalt

Arik Brauer:

Das Werk

Das phantastische und das realistische Leben

Ich habe die Beobachtung gemacht, daß sich mein Leben in Sieben-Jahres-Zyklen abspielt, sieben Jahre Nazi-Regime, sieben Jahre Akademie und sieben Wanderjahre. Als meine sieben Pariser Jahre vorbei waren, hatte ich zwei Töchter, hatte eine schwungvolle Karriere begonnen und genug vom Pariser Alltag. Man muß in dieser Stadt entweder sehr jung oder sehr reich sein. Ich schenkte also meine zu klein gewordene Wohnung einem Dichter, packte meine Bilder ins Auto und meine Familie ins Flugzeug und übersiedelte nach Wien. Meine Frau behauptet heute noch, der Hauptgrund für unsere Flucht aus Paris sei meine Vorliebe für verschneite Skipisten gewesen. Mag sein, daß sie Recht hat. Tatsächlich besitzt Wien eine erstaunliche Anziehungskraft, und wer dort aufgewachsen ist, kommt schimpfend, aber doch immer wieder zurück. Für mich bedeutete damals Wien einen Sprung in das sogenannte bürgerliche Leben. Wir besaßen auch bald ein gutes Atelier mit Lift und Teppich am Gang. Meine Frau Neomi trug ihre ersten Pelzmäntel, und alle meine Freunde fuhren in großen Autos herum. In Paris hatten wir noch in einem windschiefen Haus gelebt zwischen Studenten, Hippies und Hungerleidern aller Art.

Dieses plötzliche Hinüberwechseln von der «ebnen Erde in den ersten Stock» erwies sich für mich als nicht ganz problemlos. Solange man arm ist oder zumindest scheint, ist es leicht, ein Gerechter zu sein. Ab einem gewissen Wohlstand lebt man dann jedoch mit der ständigen Frage: Wieso ich und nicht die anderen? Diese Frage wird, je länger der Wohlstand dauert, um so blasser, ein Faktor, der ebenfalls nachdenklich stimmen muß. Eine naheliegende Antwort ist natürlich: Ich bin eben so gut und mir gebührt es. Wenn man aber die Welt genauer beobachtet, kommt man zu der Ansicht, daß bei Erfolg und Mißerfolg sehr viele unbeeinflußbare Dinge mitwirken. Wer das Glück hat, oben zu sitzen, sollte sich sagen: «Der Wind hat mich hinaufgeweht», und sollte bescheiden bleiben.

Diese merkwürdige Mischung aus Glück und Mißbehagen erlebte ich besonders stark, als ich nach weiteren sieben Jahren eine Gründerzeitvilla in Wien erwarb. Haus und Garten haben einen schloßartigen Charakter und beglücken durch ihre harmonische Schönheit. Zugleich aber strahlt dieses Bauwerk eine Art herrschaftlichen Hochmut aus, der mir zutiefst fremd ist, und ich habe oft das Gefühl, bei reichen Leuten Äpfel stehlen zu gehen, wenn ich mein eigenes Gartentor öffne.

Bei dem Hinüberwechseln in die bürgerliche Welt habe ich aber auch manches unerwartet Positive erlebt. Es ist nämlich nicht so, daß ein Mensch bessere und kühnere Gedanken hegt, wenn er erst zu Mittag aufsteht und mit ungewaschenem Hals ins Caféhaus wankt, als einer, der regelmäßig einem langweiligen Beruf nachgeht. Die Kreativität ist offenbar gleichmäßig dünn über alle Gesellschaftsschichten verteilt und hat nichts zu tun mit äußerem Habitus, ideologiebezogenen Posen und Lebensgewohnheiten.

Die Rückkehr in den Bereich meiner Muttersprache erlebte ich damals in Form einer gesteigerten Sensibilität für dieselbe. Ich begann, Lieder mit Texten im Wiener Dialekt zu schreiben. Es ging mir dabei nicht darum, die österreichische Folklore zu bereichern. Vielmehr war es mein Ziel, Zeitprobleme im Chanson darzustellen, wobei mir der Dialekt als verfremdendes Element diente. Die bildhafte Poesie dieser Sprache hat, wenn man mit ihr Intellektuelles ausdrückt, einen entschärfenden humoristischen Charakter, der die Aussage etwas verschlüsselt.

Mit diesen Liedern hatte ich einen von mir weder erwarteten noch besonders angestrebten Erfolg. In dieser Branche bedeutet der Erfolg, daß sich eine Art Maschinerie, ein Ungeheuer, in Bewegung setzt, das den glücklichen Erfolgsmenschen herumschleudert wie eine Puppe, um ihn schließlich zu verschlingen und nach kurzer Zeit wieder auszuspeien. Mir wurde schnell klar, daß ich an einer Wegkreuzung stand, und ich fand die Kraft, den für mich richtigen Weg einzuschlagen. Ich bin ebenso eitel wie jeder andere Mensch; und es verursacht ein süß-saures Gefühl, wenn einem die Menschen auf der Straße nachschauen und sich zuflüstern: «Das ist er!»

Hätte mich dieser Ruhm als Zwanzig- oder Dreißigjähriger überrascht, ich hätte wahrscheinlich nicht widerstehen können. Ich wäre von Konzert zu Konzert, von TV-Studio zu TV-Studio gerast, hätte mein ganzes Leben umgestellt und meine besten Jahre vertan. Ich war aber schon vierzig und konnte unterscheiden zwischen wichtig und weniger wichtig.

Wichtig war das Schreiben der Lieder, und wichtig war es auch, diese an die Öffentlichkeit zu bringen. Unwichtig hingegen war es, den Erfolg auszuquetschen wie eine Zitrone und das Leben damit zu verbringen, diesen Erfolg zu halten oder zu wiederholen. Ich habe meine eigene Karriere als Popsänger buchstäblich mit Gewalt abgewürgt. So ganz bin ich aber von der Musik nie losgekommen.

Jahre später beging ich auch den Fehler, mich mangelhaft ausgerüstet auf das Glatteis der Filmindustrie zu wagen. Ich hatte einige kreative Ideen, die etwas Neues ins Medium Fernsehen hätten bringen können, mußte aber erleben, wie meine Ansätze teilweise vertan wurden. Ich war nicht imstande, mich in dieser Welt durchzusetzen und konnte und wußte auch zu wenig. Dennoch wurde mein zweiter Fernsehfilm, «Sieben auf einen Streich», in Deutschland ein Erfolg, und ich rechne ihn zu den wichtigsten meiner Leistungen.

Das Reisen hatte ich keineswegs aufgegeben. Den Sommer verbrachten wir immer in Israel, dessen Landschaft, Menschen und vielfältige Kultur einen wichtigen Faktor in meinem Leben darstellen. Ich unternahm aber auch immer wieder Ausflüge in die sogenannte Dritte und Vierte Welt, von der ich mir die fernere Zukunft für die Menschheit erhoffe. Diese Menschen leben immer die Gegenwart, den Tag, die Minute. Ich hingegen lebe strebend das Morgen, die Zukunft. Für dieses Leben sind Europäer begabt, unsere ganze Kultur ist diesem Weltbild entsprungen und scheint dabei zu sein, an ihm auch zugrunde zu gehen. Es geht in unserer globalen Situation nicht mehr um einen möglichst raschen Fortschritt. Vielmehr scheint ein beruhigendes Auspendeln oder Sich-Einpendeln aktuell zu sein, und zwar auf allen Gebieten menschlicher Entfaltung. Wir Europäer werden das vielleicht nicht schaffen, vielleicht aber die Afrikaner. Meine Frau ist für mich eine Art lebende Brücke zur Dritten Welt. Sie hat ihre Kindheit in einem orientalischen Mittelalter verbracht, ihre Jugend in der Dynamik der israelischen Pioniergesellschaft, und den größten Teil ihres Lebens in der europäischen Oberschicht. Durch sie habe ich manches in der Dritten Welt sehen und erkennen gelernt, das dem Europäer im allgemeinen verschlossen bleibt.

In den siebziger Jahren erhielt ich auch Gelegenheit, etliche Bühnenbilder zu schaffen. Die Faszination ist groß für einen Maler, wenn seine Bilder zu Körpern und Bauten werden. Lebendige Menschen werden darin zu farbigen Figuren und das Licht zum Pinsel. Leider besteht vor allem bei der Oper ein Widerspruch zwischen der Forderung nach visueller Kunst und den akustischen und anderen Bedürfnissen der Sänger und Darsteller. Die meisten Bühnenbildner verzichten daher auf einen eigenen künstlerischen Ausdruck im Sinne des Themas und begnügen sich damit, die für die Regie notwendigen Stiegen, Ballustraden, Accessoires gefällig zu gestalten. Meine interessanteste Aufgabe auf diesem Gebiet war die ‹Zauberflöte› an der Pariser Oper. Meine Bauten und Kostüme stellten pure Phantasiegebilde mit Anspielungen an die Freimaurersymbolik und die Charaktere der diversen Prototypen dar. Die

Königin der Nacht zum Beispiel wohnte in einem Mond, aus dessen Trichtern heraus sie ihre Arie sang. Wer Zugang zu meiner Phantasie hatte, war begeistert, wer nicht, war entsetzt. Das Pariser Premierenpublikum reagierte wie bei einem Fußballmatch, wobei man das Pfeifen ja immer stärker hört als die Bravorufe. Ich habe, wenn ich von meiner Arbeit überzeugt bin, eine sehr dicke Haut und hatte ein hehres Glücksgefühl, derartige Emotionen ausgelöst zu haben. Bedauerlicherweise saßen meine halbwüchsigen Töchter im Publikum und litten Höllenqualen, weil sie sich nicht vorstellen konnten, daß irgend jemandem irgend etwas vom Papa Geschaffenes mißfallen könnte.

In Wien steht man mit einem Fuß in der ungarischen Tiefebene, mit dem anderen in den Alpen. Kontinentale und ozeanische Luft- und Kraftströme stoßen hier zusammen und erzeugen die «guten Winde». Die Natur ist in dieser Stadt in zahlreichen Brückenköpfen noch immer präsent, ja man hat hier die angenehme Illusion, die Natur sei im Vormarsch und nicht die Stadt. Die Suche nach Natur, die Suche nach harmonischer Beziehung zur Natur ist das Thema Nummer eins in meinem Leben geworden, und ich glaube, es ist das wichtigste Problem unserer Zivilisation überhaupt. Ich habe für mich einige Wege zur Natur gefunden: Die physische Arbeit mit natürlichen Materialien wie Holz, Stein, Lehm, Kupfer und andere. Indem man das Material formt, überwindet man es. Die Materialien wollen nämlich keineswegs die von uns definierten Formen annehmen. Sie wollen zurück zum Tohuwabohu des Anfangs und wehren sich auf oft raffinierte Weise gegen die formende Hand. Um diesen Widerstand zu überwinden, muß man die Eigenschaften und die Schwächen des betreffenden Stoffes genau kennen. Das Ausnutzen dieser Gegebenheiten ist die Arbeit, die Harmonie mit dem Material, die Harmonie mit der Natur.

Selbst das Wandern und Klettern im Gebirge gehört dazu. Dabei ist es wichtig, die eingeschlafenen Sinne wachzurütteln. Man hört plötzlich entfernte Käfer scharren und Mücken summen, und man erschnuppert vielerlei Düfte, für die unsere Sprache keine Worte kennt. Beim Klettern im Felsen erscheint ein kleiner Ritz mit einem Male wichtiger als das Weiße Haus in Washington. Man ertastet ihn liebevoll prüfend und sagt: «Aha, da bist du ja, mein Liebling.» Man zieht sich an ihm hoch und hat dabei ein Stück Harmonie mit der Natur erlebt.

Ein wichtiger Zugang zu ihr ist für mich auch das Beobachten und Malen. Ich habe für meine Kunst so gut wie alles direkt aus der Natur geschöpft, gewissermaßen aus erster Hand, und damit meine ich nicht das Abmalen von Landschaften. Wenn man es versteht zu beobachten, wie etwa der Nebel im Hochwald hängenbleibt, welchen Weg ein fallendes Blatt im Winde zieht, oder wie die Hügelketten der Berge sich überschneiden, so kann man davon Gesetze und Geheimnisse für die Malerei ableiten. So unterbricht zum Beispiel ein heller Gegenstand fasrigen Hintergrund, oder ein vielgliedriges Ding, ein Baum vor glattem Himmel usw. Die Verwandlung dieser geheimnisvollen Binsenweisheiten in der Fläche kommt einem hohen Maß an Harmonie mit der Natur gleich.

Der allernatürlichste Zugang zur Natur aber scheint mir der Kontakt zum Mitmenschen, und vor allen Dingen zum Liebespartner und zu den Kindern. Wer nicht imstande ist zu lieben, der hat den wohl wichtigsten Kontakt zur Natur verloren, und ich frage mich, was er auf diesem Stern noch sucht.

Kinder soll man nicht erziehen, man soll sich mit ihnen beschäftigen. Diese Beschäftigung beinhaltet Toben, Blödeln, Spielen, Musizieren, Malen, Sprechen wie mit Erwachsenen und erotischen Kontakten in Form von ausdauerndem Streicheln, Zwicken und Quetschen. Dies alles ist allgemein bekannt. Man kann es aber nur, wenn man in Liebe und Harmonie zu dem Stückchen Natur Mensch lebt.

Die Arbeit der letzten Jahre an meinem Haus in Israel hat mein Interesse an der sogenannten angewandten Kunst geweckt. Ein Kunstwerk, auf und in dem man sitzen kann, ein Kunstwerk als Küche, als Badezimmer, als Turm: Als Haus. Dies war bildende Kunst im Kern, im Grunde eigentlich immer; die Wand als der Malgrund. Mit der Größe des Formats ergeben sich indes andere Gesetze der Kompositionen und Farbigkeit. Es kommt dabei zu anderen Bewegungen beim Führen des Pinsels. Dieses Großmalen wird von mir als eine Art Befreiung erlebt. Das Tafelbild erscheint mir demgegenüber dann als eine Art straffer Disziplin zum Erwerb von Kenntnissen, eine Übungswiese für die Großtaten des Wandbildes.

Meine Kunst blieb im Laufe meines Lebens in ihrem Wesen unverändert. Ich bringe nichts «Neues». Und dies ist auch gar nicht meine Absicht. Andere Bilder – andere Maler. Mein Bestreben ist es vielmehr, eine Sache, eine Ansicht, zu einer Einsicht zu vertiefen und somit zu verbessern. Die Malerei, wie ich sie betreibe, enthält so viele Aspekte, ist so kompliziert und so «unerlernbar», daß es auch heute noch vorkommen mag, daß ich des Nachts nicht einschlafen kann, so aufgeregt erwarte ich den kommenden «Maltag».

Arik Brauer

1966

«Schwanger zum Mond»
Wien 1966
Öl auf Sperrholz
mit Acrylgrund
Format: 50 × 80 cm
Signatur: Unten rechts
Werkverzeichnis: Öl 168

Ohne Abbildung:
«Hinter dem schönen
Tisch», Wien 1966
Öl auf Sperrholz
mit Acrylgrund
Format: 57 × 47 cm
Signatur: Unten
Werkverzeichnis: Öl 169

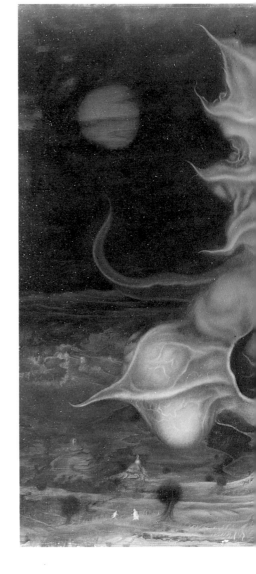

Ohne Abbildung:
«Kellnerin», Wien 1966
Öl auf Sperrholz mit Acrylgrund
Format: 47 × 30 cm
Signatur: Unten
Werkverzeichnis: Öl 170

«Die Bauchtänzerin und ihr Zuschauer»
Israel 1966
Öl auf Sperrholz mit Acrylgrund
Format: 63×80 cm
Signatur: Unten rechts
Werkverzeichnis: Öl 171

«Notre-Dame freien Land», Israel 1966
Öl auf Sperrholz mit Acrylgrund
Format: 73×65 cm
Signatur: Unten rechts
Werkverzeichnis: Öl 172

«Ein Engel kommt», Israel 1966
Öl auf Sperrholz mit Acrylgrund
Format: 31×25 cm
Signatur: Unten links
Werkverzeichnis: Öl 173

Ohne Abbildung:
«Ein Engel fliegt fort», Israel 1966
Öl auf Sperrholz mit Acrylgrund
Format: 31×25 cm
Signatur: Unten
Werkverzeichnis: Öl 174

«Brennende Frau als Blume», Israel 1966
Öl auf Sperrholz mit Acrylgrund
Format: 63×70 cm
Signatur: Unten rechts
Werkverzeichnis: Öl 175

«Mit der hellen Haube», Wien 1966
Öl auf Sperrholz mit Acrylgrund
Format: 32×46,5 cm
Signatur: Unten links
Werkverzeichnis: Öl 176

Ohne Abbildung:

«Der Windmacher», Wien 1966
Öl auf Sperrholz mit Acrylgrund
Format: 49×63,5 cm
Signatur: Unten
Werkverzeichnis: Öl 177

«Papierdrachen», Wien 1966
Öl auf Sperrholz mit Acrylgrund
Format: 75×65 cm
Signatur: Unten
Werkverzeichnis: Öl 178

«Nachtwächter», Wien 1966
Gouache auf acrylgrundiertem
Papier
Format: 14,5×19 cm
Signatur: Unten
Werkverzeichnis: Aquarelle
und Gouachen 127

«YO-YO-Spieler am Dach», Wien 1966
Gouache auf acrylgrundiertem Papier
Format: 33×23,5 cm, Signatur: Unten
Werkverzeichnis: Aquarelle und Gouachen 128

Ohne Abbildung:

«Zierfisch», Wien 1966
Gouache auf acrylgrundiertem
Papier
Format: 24×22 cm
Signatur: Unten
Werkverzeichnis: Aquarelle
und Gouachen 129

«Menschliche Architektur»
Wien 1966
Gouache auf acrylgrundiertem
Papier
Format: 22×14,5 cm
Signatur: Unten
Werkverzeichnis: Aquarelle
und Gouachen 130

«Bräunliches Mädchen»
Wien 1966
Gouache auf acrylgrund. Papier
Format: 33,5×22 cm
Signatur: Unten
Werkverzeichnis: Aquarelle
und Gouachen 131

«Fliegende Kiste», Wien 1966
Gouache auf acrylgrund. Papier
Format: 25×17 cm
Signatur: Unten
Werkverzeichnis: Aquarelle
und Gouachen 132

«Geburt», Wien 1966
Gouache auf acrylgrundiertem
Papier
Kleinformat
Signatur: Unten
Werkverzeichnis: Aquarelle
und Gouachen 133

«Seilbahn», Wien 1966
Gouache auf acrylgrundiertem
Papier
Kleinformat
Signatur: Unten
Werkverzeichnis: Aquarelle
und Gouachen 134

«Mit Hut und Mantel»
Wien 1966
Gouache auf acrylgrundiertem
Papier
Kleinformat, Signatur: Unten
Werkverzeichnis: Aquarelle
und Gouachen 135

«Fenster im Rock», Wien 1966
Gouache auf acrylgrundiertem
Papier
Kleinformat
Signatur: Unten
Werkverzeichnis: Aquarelle
und Gouachen 136

Ohne Abbildung:

«Badende Araberfrau», Wien 1966
Gouache auf acrylgrundiertem Papier
Kleinformat
Signatur: Unten
Werkverzeichnis: Aquarelle und Gouachen 137

«Feurige Gedanken», Wien 1966
Gouache auf acrylgrundiertem Papier
Kleinformat
Signatur: Unten
Werkverzeichnis: Aquarelle und Gouachen 138

«Turm mit Menschenspitze», Wien 1966
Gouache auf acrylgrundiertem Papier
Kleinformat
Signatur: Unten
Werkverzeichnis: Aquarelle und Gouachen 140

«Zauberer am Dach», Wien 1966
Gouache auf acrylgrundiertem Papier
Kleinformat
Signatur: Unten
Werkverzeichnis: Aquarelle und Gouachen 141

«Gebäude mit Zungen», Wien 1966, Gouache auf acrylgrund. Papier
Format: 34×23 cm, Signatur: Unten rechts
Werkverzeichnis: Aquarelle und Gouachen 139

«Blumenhand», Wien 1966
Gouache auf acrylgrundiertem Papier
Format: 18×23 cm
Signatur: Unten links
Werkverzeichnis: Aquarelle und Gouachen 142

Ohne Abbildung:

«Jungferturm», Wien 1966
Gouache auf acrylgrundiertem Papier
Kleinformat
Signatur: Unten
Werkverzeichnis: Aquarelle und Gouachen 143

«Frauenturm», Wien 1966
Gouache auf acrylgrundiertem Papier
Format: 30×22 cm
Signatur: Unten
Werkverzeichnis: Aquarelle und Gouachen 145

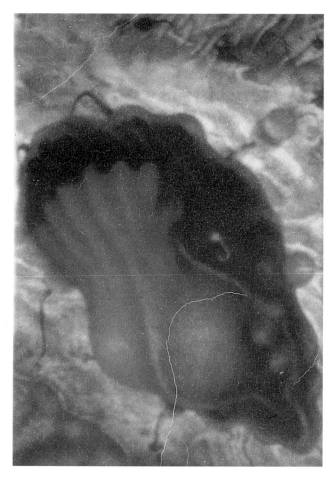

«Muschelauto», Wien 1966
Gouache auf acrylgrundiertem Papier
Kleinformat
Signatur: Unten
Werkverzeichnis: Aquarelle und Gouachen 144

1967

Ohne Abbildung:

«Schlangenfänger», Wien 1967
Öl auf Sperrholz mit Acrylgrund
Format: 25 × 17 cm
Signatur: Unten
Werkverzeichnis: Öl 179

«Ein gefährlicher Platz», Wien 1967
Öl auf Sperrholz mit Acrylgrund
Format: 23,5 × 14,5 cm
Signatur: Unten
Werkverzeichnis: Öl 180

«Mundharmonikaspieler», Wien 1967
Öl auf Sperrholz mit Acrylgrund
Kleinformat
Signatur: Unten
Werkverzeichnis: Öl 181

«Rechte Zuhörerin», Wien 1967
Öl auf Sperrholz mit Acrylgrund
Format: 46 × 24 cm
Signatur: Unten
Werkverzeichnis: Öl 182
Ohne Abbildung

«Linke Zuhörerin», Wien 1967
Öl auf Sperrholz mit Acrylgrund
Format: 46 × 24 cm
Signatur: Unten
Werkverzeichnis: Öl 183

«Zwiebelturm», Wien 1967
Öl auf Sperrholz
mit Acrylgrund
Format: 46 × 19 cm
Signatur: Unten links
Werkverzeichnis: Öl 184

Rechts:
«Nachtwandlerin», Wien 1967
Öl auf Sperrholz mit Acrylgrund
Kleinformat
Signatur: Unten rechts
Werkverzeichnis: Öl 185

Ohne Abbildung:

«Vogelfreund», Wien 1967
Öl auf Sperrholz mit Acrylgrund
Format: 46 × 35,5 cm
Signatur: Unten
Werkverzeichnis: Öl 186

«Blume als Himmelskörper»
Wien 1967
Öl auf Sperrholz mit Acrylgrund
Kleinformat
Signatur: Unten
Werkverzeichnis: Öl 187

Folgende Doppelseite:
«Der Messias über der Küste»
Israel 1967
Öl auf Sperrholz mit Acrylgrund
Format: 114×76 cm
Signatur: Unten
Werkverzeichnis: Öl 188

Ohne Abbildung:
«Negev», Israel 1967
Öl auf Sperrholz mit Acrylgrund
Format: 50×63 cm
Signatur: Unten
Werkverzeichnis: Öl 189

Text Seite 33

Rechts:
«Zafon», Israel 1967
Öl auf Sperrholz mit Acrylgrund
Format: 50 × 63 cm
Signatur: Unten
Werkverzeichnis: Öl 190

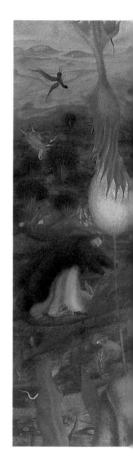

Ohne Abbildung:

«Mädchen mit der Binse», Wien 1967
Öl auf Sperrholz mit Acrylgrund
Format: 38 × 45 cm
Signatur: Unten
Werkverzeichnis: Öl 191

«Viereckiger Heiligenschein», Israel 1967
Gouache auf acrylgrundiertem Papier
Format: 13 × 19 cm
Signatur: Unten
Werkverzeichnis: Aquarelle und Gouachen 146

«Viereckige Fenster», Israel 1967
Gouache auf acrylgrundiertem Papier
Format: 13 × 10 cm
Signatur: Unten
Werkverzeichnis: Aquarelle und Gouachen 147

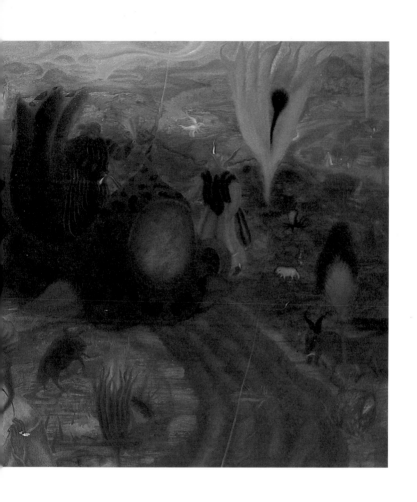

LES ETOILES SONT DES FAMMES QUI ENTANDENT QUE
NOUS DANSONS SUR LEURS COLLINES ET QUE NOUS
LAISSONS NOUS MICROBES DANS LEURS VALLEES
STARS ARE WOMEN, YEARNING FOR US TO DANCE UPON
THEIR HILLTOPS AND POLLUTE THEIR VALLEYS

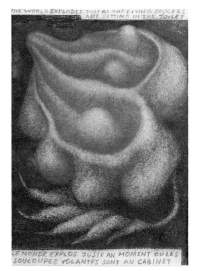

THE WORLD EXPLODES JUST AS THE FLYING SAUCERS
ARE SITTING IN THE TOILET

LE MONDE EXPLOS JUSTE AN MOMENT OU LES
SOUCOUPES VOLANTES SONT AN CABINET

Oben:
«Sterne sind Frauen», Israel 1967
Gouache auf acrylgrundiertem
Papier
Format: 13 × 10 cm
Signatur: Unten
Werkverzeichnis: Aquarelle
und Gouachen 148

Rechts oben:
«Wo bleiben die Untertassen»
Israel 1967
Gouache auf acrylgrundiertem
Papier
Format: 13 × 10 cm
Signatur: Unten
Werkverzeichnis: Aquarelle
und Gouachen 149

I CARRY SEEDS TO THE MOON, OVER THERE I AM THE ANGEL

JE PORTE LA SEMENCE A LA LUNE, ET LA JE SUIS UN ANGLE

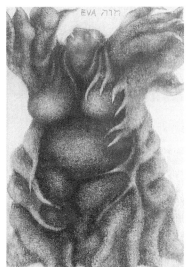

«Adam», Israel 1967
Gouache auf acrylgrundiertem
Papier
Format: 13 × 10 cm
Signatur: Unten
Werkverzeichnis: Aquarelle
und Gouachen 151

«Eva», Israel 1967
Gouache auf acrylgrundiertem
Papier
Format: 13 × 10 cm
Signatur: Unten
Werkverzeichnis: Aquarelle
und Gouachen 152

Links:
«Samen zum Mond», Israel 1967
Gouache auf acrylgrundiertem Papier
Format: 13 × 10 cm
Signatur: Unten
Werkverzeichnis: Aquarelle und Gouachen 150

«Wuchernde Phantasie»
Israel 1967
Gouache auf acrylgrundiertem
Papier
Format: 13×10 cm
Signatur: Unten
Werkverzeichnis: Aquarelle
und Gouachen 153

«Tischkante», Israel 1967
Gouache auf acrylgrundiertem
Papier
Format: 13×10 cm
Signatur: Unten
Werkverzeichnis: Aquarelle
und Gouachen 154

«Haus zwischen Bäumen», Paris–Wien 1967/68
Gouache auf acrylgrundiertem Papier
Kleinformat
Signatur: Unten
Werkverzeichnis: Aquarelle und Gouachen 155

«Vogeljäger», Paris–Wien 1967/68
Gouache auf acrylgrundiertem Papier
Kleinformat
Signatur: Unten links
Werkverzeichnis: Aquarelle und Gouachen 156

«Zweihändiges Schleudern», Paris–Wien 1967/68
Gouache auf acrylgrundiertem Papier
Kleinformat
Signatur: Unten
Werkverzeichnis: Aquarelle und Gouachen 157

Oben:
«Eiserner Turm»
Paris–Wien 1967/68
Gouache auf acrylgrund. Papier
Format: 25×18 cm
Signatur: Unten links
Werkverzeichnis: Aquarelle
und Gouachen 158

Ohne Abbildung:
«Mit Stock und Beutel»
Paris–Wien 1967/68
Gouache auf acrylgrund. Papier
Kleinformat
Signatur: Unten
Werkverzeichnis: Aquarelle
und Gouachen 159

Ohne Abbildung:

«Bauwerk zwischen Bäumen», Paris–Wien 1967/68
Gouache auf acrylgrundiertem Papier
Kleinformat, Signatur: Unten
Werkverzeichnis: Aquarelle und Gouachen 160

«Vielfarbige Männer», Paris–Wien 1967/68
Gouache auf acrylgrundiertem Papier
Kleinformat, Signatur: Unten
Werkverzeichnis: Aquarelle und Gouachen 161

Oben:
«Ein warmer Wind», Paris–Wien 1967/68
Gouache auf acrylgrundiertem Papier
Format: 18×23 cm
Signatur: Unten links
Werkverzeichnis: Aquarelle und Gouachen 162

«Sklavenarbeit», Paris–Wien 1967/68
Gouache auf acrylgrundiertem Papier
Format: 30×25 cm
Signatur: Unten rechts
Werkverzeichnis: Aquarelle und Gouachen 166

«Schmetterlingssoldat», Paris–Wien 1967/68
Gouache auf acrylgrundiertem Papier
Format: 30 × 25 cm
Signatur: Unten links
Werkverzeichnis: Aquarelle und Gouachen 167

Ohne Abbildung:

«Frühlingswind»
Paris–Wien 1967/68
Gouache auf acrylgrundiertem
Papier
Format: 15×21 cm
Signatur: Unten
Werkverzeichnis: Aquarelle
und Gouachen 168

«Eseltreiber»
Paris–Wien 1967/68
Gouache auf acrylgrundiertem
Papier
Format: 20×30 cm
Signatur: Unten
Werkverzeichnis: Aquarelle
und Gouachen 169

«Vogel auf der Hand»
Paris–Wien 1967/68
Gouache auf acrylgrundiertem Papier
Kleinformat
Signatur: Unten
Werkverzeichnis: Aquarelle
und Gouachen 170

«Bootsfahrt», Paris–Wien 1967/68
Gouache auf acrylgrundiertem
Papier
Kleinformat
Signatur: Unten
Werkverzeichnis: Aquarelle
und Gouachen 171

Rechts:
«Am Dach», Paris–Wien 1967/68
Gouache auf acrylgrundiertem Papier
Format: 30×23 cm
Signatur: Unten links
Werkverzeichnis: Aquarelle und Gouachen 172

1968

«Der Wasserlecker
von Sinai»
Wien 1968
Öl auf Sperrholz
mit Acrylgrund
Format: 150 × 190 cm
Signatur: Unten rechts
Werkverzeichnis: Öl 192

*Detail auf der
folgenden
Doppelseite*

«Das Mädchen mit den Puffärmeln», Israel 1968
Öl auf Sperrholz mit Acrylgrund
Format: 80 × 60 cm, Signatur: Unten rechts
Werkverzeichnis: Öl 193

«Bring mir eine Palme», Israel 1968
Öl auf Sperrholz mit Acrylgrund
Format: 30 × 45 cm
Signatur: Unten rechts
Werkverzeichnis: Öl 196

Ohne Abbildung:

«Zurück vom Mond», Israel 1968
Öl auf Sperrholz mit Acrylgrund
Mittelgroß
Signatur: Unten
Werkverzeichnis: Öl 194

«Der Berg als Heiligenschein», Israel 1968
Öl auf Sperrholz mit Acrylgrund
Format: 47 × 37 cm
Signatur: Unten
Werkverzeichnis: Öl 195

Ohne Abbildung:

«Das Wasserloch als
Heiligenschein», Israel 1968
Öl auf Sperrholz mit Acrylgrund
Format: 45×30 cm
Signatur: Unten
Werkverzeichnis: Öl 197

«Baumschäler», Israel 1968
Öl auf Sperrholz mit Acrylgrund
Format: 23×35 cm
Signatur: Unten
Werkverzeichnis: Öl 198

«Lochgräber», Israel 1968
Öl auf Sperrholz mit Acrylgrund
Format: 23×35 cm
Signatur: Unten
Werkverzeichnis: Öl 199

«Kapitano», Israel 1968
Öl auf Sperrholz mit Acrylgrund
Format: 46,5×37 cm
Signatur: Unten
Werkverzeichnis: Öl 200

«Eselkäufer», Israel 1968
Öl auf Sperrholz mit Acrylgrund
Format: 35×35 cm
Signatur: Unten
Werkverzeichnis: Öl 201

«Tierfütterer», Israel 1968
Öl auf Sperrholz mit Acrylgrund
Kleinformat
Signatur: Unten
Werkverzeichnis: Öl 202

«Verträumerin», Israel 1968
Öl auf Sperrholz mit Acrylgrund
Kleinformat
Signatur: Unten
Werkverzeichnis: Öl 204

«Zauberhutträger», Israel 1968
Öl auf Sperrholz mit Acrylgrund
Kleinformat
Signatur: Unten
Werkverzeichnis: Öl 205

Rechts:
«Dahabani Jchie», Israel 1968
Öl auf Sperrholz mit Acrylgrund
Format: 48×30 cm
Signatur: Unten
Werkverzeichnis: Öl 203

Links:
«Drusenritt», Israel 1968
Öl auf Sperrholz mit Acrylgrund
Format: 32×24 cm
Signatur: Unten rechts
Werkverzeichnis: Öl 206

Oben:
«Holzsammlerin», Wien 1968
Öl auf Sperrholz mit Acrylgrund
Format: 35×40 cm
Signatur: Unten rechts
Werkverzeichnis: Öl 208

«Kameltreiber», Wien 1968
Öl auf Sperrholz mit Acrylgrund
Format: 50×75 cm, Signatur: Unten rechts
Werkverzeichnis: Öl 207

«Auf der Flucht», Wien 1968
Öl auf Sperrholz mit Acrylgrund
Format: 25 × 35 cm
Signatur: Unten rechts
Werkverzeichnis: Öl 211

Ohne Abbildung:

«Das tapfere Schneiderlein»
Wien 1968
Öl auf Sperrholz mit Acrylgrund
Format: 35 × 46 cm
Signatur: Unten
Werkverzeichnis: Öl 209

«Zwischen zwei Nöten»
Wien 1968
Öl auf Sperrholz mit Acrylgrund
Kleinformat
Signatur: Unten
Werkverzeichnis: Öl 210

«Flüchtender Dieb», Wien 1968
Öl auf Sperrholz mit Acrylgrund
Format: 25×35 cm
Signatur: Unten links
Werkverzeichnis: Öl 212

«Wasserträger», Wien 1968
Öl auf Sperrholz mit Acrylgrund
Kleinformat
Signatur: Unten
Werkverzeichnis: Öl 213

«Zwischen Bäumen», Wien 1968
Öl auf Sperrholz mit Acrylgrund
Kleinformat
Signatur: Unten
Werkverzeichnis: Öl 215

«Hartes Lager», Wien 1968
Öl auf Sperrholz mit Acrylgrund
Format: 29×54 cm
Signatur: Unten
Werkverzeichnis: Öl 217

«Flucht mit der Glocke»
Wien 1968
Öl auf Sperrholz mit Acrylgrund
Kleinformat
Signatur: Unten
Werkverzeichnis: Öl 218

«Löwenjagd», Wien 1968
Öl auf Sperrholz mit Acrylgrund
Format: 30×30 cm
Signatur: Unten rechts
Werkverzeichnis: Öl 214

«Steiniger Acker», Wien 1968
Öl auf Sperrholz mit Acrylgrund
Format: 20×38 cm
Signatur: Unten rechts
Werkverzeichnis: Öl 216

Ohne Abbildung:

«Frau im Auge als Berg», Wien 1968
Gouache auf acrylgrundiertem Papier
Format: 12×8 cm, Signatur: Unten
Werkverzeichnis: Aquarelle und Gouachen 174

«Spiritus», Wien 1968
Gouache auf acrylgrundiertem Papier
Format: 28×20 cm
Signatur: Unten
Werkverzeichnis: Aquarelle und Gouachen 175

«Wahnsinnige Nachbarin», Wien 1968
Gouache auf acrylgrundiertem Papier
Kleinformat
Signatur: Unten
Werkverzeichnis: Aquarelle und Gouachen 176

«Fliegende Kartoffel», Wien 1968
Gouache auf acrylgrundiertem Papier
Format: 27 × 17 cm
Signatur: Unten links
Werkverzeichnis: Aquarelle und Gouachen 173

Ohne Abbildung:

«Musikant unterwegs»
Wien 1968
Gouache auf acrylgrundiertem
Papier
Kleinformat
Signatur: Unten
Werkverzeichnis: Aquarelle
und Gouachen 177

«Hut als Tasche»
Wien 1968
Gouache auf acrylgrundiertem
Papier
Kleinformat
Signatur: Unten
Werkverzeichnis: Aquarelle
und Gouachen 179

«Bootsfahrt II», Wien 1968
Gouache auf acrylgrundiertem
Papier
Kleinformat
Signatur: Unten
Werkverzeichnis: Aquarelle
und Gouachen 178

«Kragen als Schneckenhaus»
Wien 1968
Gouache auf acrylgrundiertem
Papier
Kleinformat
Signatur: Unten
Werkverzeichnis: Aquarelle
und Gouachen 180

Folgende Doppelseite:

Links:
«Knollenfresser», Wien 1968
Gouache auf acrylgrundiertem
Papier
Format: 22 × 18 cm
Signatur: Unten
Werkverzeichnis: Aquarelle
und Gouachen 181

Rechts:
«Die schreckliche Heide»
Wien 1968
Gouache auf acrylgrundiertem
Papier
Format: 22 × 18 cm
Signatur: Unten links
Werkverzeichnis: Aquarelle
und Gouachen 183

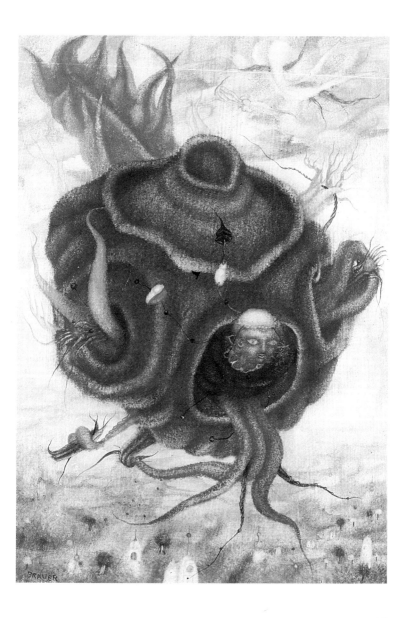

Text Seite 68

Text Seite 68

Oben:
«Ein kalter Wind», Wien 1968
Gouache auf acrylgrundiertem
Papier
Format: 20 × 25 cm
Signatur: Unten rechts
Werkverzeichnis: Aquarelle
und Gouachen 187

Rechts:
«Blattbeißer», Wien 1968
Gouache auf acrylgrundiertem
Papier
Format: 22 × 18 cm
Signatur: Unten rechts
Werkverzeichnis: Aquarelle
und Gouachen 188

Ohne Abbildung:

«Manna», Wien 1968
Gouache auf acrylgrundiertem
Papier
Kleinformat
Signatur: Unten
Werkverzeichnis: Aquarelle
und Gouachen 182

«Muschelterasse», Wien 1968
Gouache auf acrylgrundiertem
Papier
Kleinformat
Signatur: Unten
Werkverzeichnis: Aquarelle
und Gouachen 184

«Auf der Suche nach», Wien 1968
Gouache auf acrylgrundiertem
Papier
Format: 19×25 cm
Signatur: Unten links
Werkverzeichnis: Aquarelle
und Gouachen 189

Ohne Abbildung:

«Bananenfresser», Wien 1968
Gouache auf acrylgrundiertem Papier
Kleinformat
Signatur: Unten
Werkverzeichnis: Aquarelle und Gouachen 185

«Adam», Wien 1968
Gouache auf acrylgrundiertem
Papier
Format: 22×18 cm
Signatur: Unten links
Werkverzeichnis: Aquarelle
und Gouachen 190

«Eva», Wien 1968
Gouache auf acrylgrundiertem
Papier
Format: 22×18 cm
Signatur: Unten links
Werkverzeichnis: Aquarelle
und Gouachen 191

«Pfeifenraucher», Wien 1968
Gouache auf acrylgrundiertem Papier
Kleinformat
Signatur: Unten
Werkverzeichnis: Aquarelle und Gouachen 186

1969

«Zwischen gestern und morgen»
Wien 1969
Öl auf acrylgrundiertem Papier
auf Sperrholz kaschiert
mit Weißleim (Polyvinyl)
Format: 120 × 127 cm
Signatur: Unten links
Werkverzeichnis: Öl 220

*Auf der folgenden Doppelseite
Detail daraus*

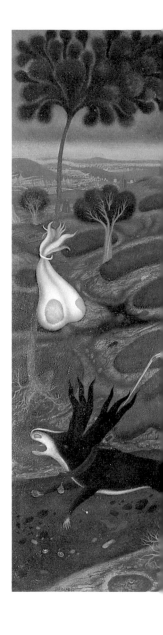

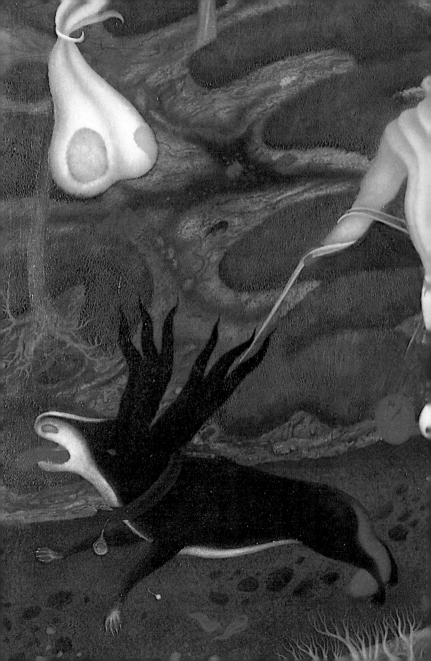

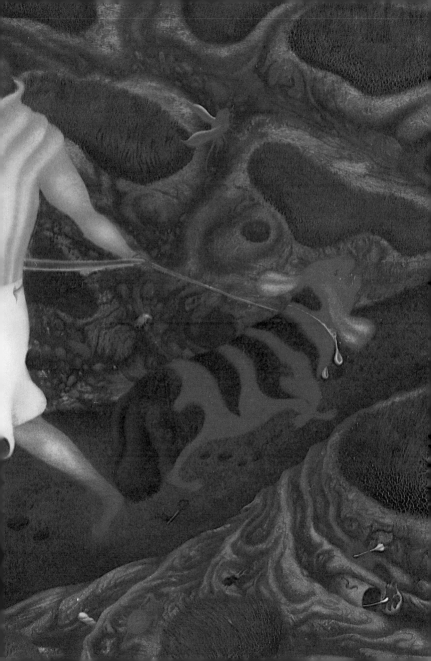

Ohne Abbildung:

«Auf der Klippe», Wien 1969
Öl auf Sperrholz mit
Acrylgrund
Format: 44×17 cm
Signatur: Unten
Werkverzeichnis: Öl 219

«Mädchen mit Schmuck»
Wien 1969
Öl auf acrylgrundiertem Papier
auf Sperrholz kaschiert
mit Weißleim (Polyvinyl)
Format: 50×35 cm
Signatur: Unten
Werkverzeichnis: Öl 221

«Ölmühle», Wien 1969
Öl auf acrylgrundiertem Papier
auf Sperrholz kaschiert
mit Weißleim (Polyvinyl)
Format: 35×23 cm
Signatur: Unten
Werkverzeichnis: Öl 222

Rechts:
«Jakob im Kampf mit dem
Engel», Israel 1969
Öl auf acrylgrundiertem
Papier auf Sperrholz kaschiert
mit Weißleim (Polyvinyl)
Format: 93×111 cm
Signatur: Unten rechts
Werkverzeichnis: Öl 223

Oben:
«Zwei tödliche Gewichte»
Israel 1969
Öl auf acrylgrundiertem Papier
auf Sperrholz kaschiert
mit Weißleim (Polyvinyl)
Format: 28×45 cm
Signatur: Unten links
Werkverzeichnis: Öl 224 a

Links:
«Plastikherz», Israel 1969
Öl auf acrylgrundiertem Papier
auf Sperrholz kaschiert
mit Weißleim (Polyvinyl)
Format: 45×28 cm
Signatur: Unten rechts
Werkverzeichnis: Öl 224 b

«Dattelpalme im Sack», Wien 1969
Gouache auf acrylgrundiertem Papier
Format: 50×42 cm
Signatur: Unten rechts
Werkverzeichnis: Aquarelle und Gouachen 194

«Gärtner», Wien 1969, Gouache auf acrylgrundiertem Papier
auf Sperrholz kaschiert mit Weißleim (Polyvinyl)
Format: 67 × 82 cm, Signatur: Unten links
Werkverzeichnis: Aquarelle und Gouachen 195

Ohne Abbildung:

«Zwischen zwei
Regenschirmen»
Wien 1969
Gouache auf acryl-
grundiertem Papier
Kleinformat
Signatur: Unten
Werkverzeichnis:
Aquarelle und
Gouachen 192 a

«Gärtnerin», Wien 1969
Gouache auf acryl-
grundiertem Papier
Format: 70×84 cm
Signatur: Unten
Werkverzeichnis:
Aquarelle
und Gouachen 192 b

«Himmelskino»
Wien 1969
Gouache auf acryl-
grundiertem Papier
Kleinformat
Signatur: Unten
Werkverzeichnis:
Aquarelle und
Gouachen 193

«Fabel», Wien 1969
Gouache auf acryl-
grundiertem Papier
Kleinformat
Signatur: Unten
Werkverzeichnis:
Aquarelle und
Gouachen 196

Ohne Abbildung:

«Jacob kämpfend»
Wien 1969
Gouache auf acryl-
grundiertem Papier
Format: 26,7 × 33 cm
Signatur: Unten
Werkverzeichnis: Aquarelle
und Gouachen 197

«Wasserbohrer», Israel 1969
Gouache auf acryl-
grundiertem Papier
auf Sperrholz kaschiert mit
Weißleim (Polyvinyl)
Format: 45 × 55 cm
Signatur: Unten
Werkverzeichnis: Aquarelle
und Gouachen 203

«Bockshörndlesser»
Israel 1969
Gouache auf acryl-
grundiertem Papier
auf Sperrholz kaschiert mit
Weißleim (Polyvinyl)
Format: 45 × 55 cm
Signatur: Unten
Werkverzeichnis: Aquarelle
und Gouachen 204

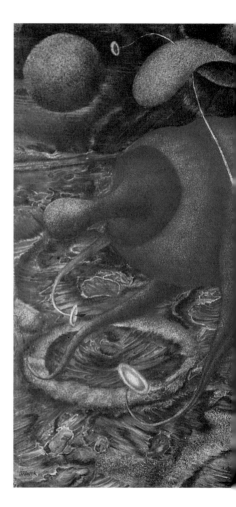

Oben: «Ein kleiner Schritt», Israel 1969
Gouache auf acrylgrundiertem Papier auf Sperrholz
Format: 45 × 55 cm
Signatur: Unten links
Werkverzeichnis: Aquarelle und Gouachen 201

Ohne Abbildung:

«Aufstieg», Israel 1969
Gouache auf acryl-
grundiertem Papier
auf Sperrholz kaschiert mit
Weißleim (Polyvinyl)
Format: 45×55 cm
Signatur: Unten
Werkverzeichnis: Aquarelle
und Gouachen 205

«Gehauto», Israel 1969
Gouache auf acryl-
grundiertem Papier
Kleinformat
Signatur: Unten
Werkverzeichnis: Aquarelle
und Gouachen 207

«Sklavin einer bunten
Schachtel»
Israel 1969
Gouache auf
acrylgrundiertem Papier
auf Sperrholz kaschiert mit
Weißleim (Polyvinyl)
Format: 45×60 cm
Signatur: Unten
Werkverzeichnis: Aquarelle
und Gouachen 209 a

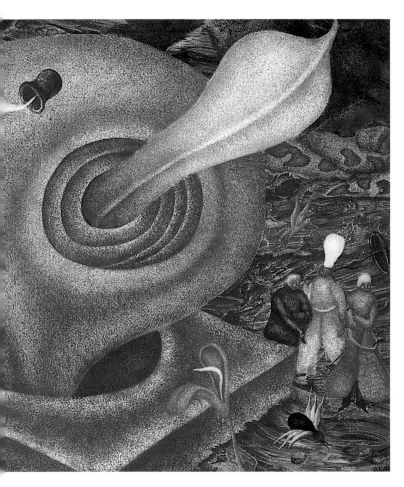

Oben: «Lyrische Atomisation», Israel 1969
Gouache auf grundiertem Papier auf Sperrholz
Format: 53,5×79 cm
Signatur: Unten rechts
Werkverzeichnis: Aquarelle und Gouachen 202

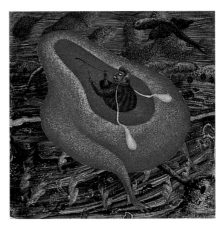

Links:
«Paradies», Israel 1969
Gouache auf acrylgrundiertem Papier
auf Sperrholz kaschiert mit Weißleim
(Polyvinyl)
Format: 82×70 cm
Signatur: Unten rechts
Werkverzeichnis: Aquarelle
und Gouachen 208

Oben:
«Springauto», Israel 1969
Gouache auf acrylgrundiertem Papier
Format: 21×21 cm
Signatur: Unten rechts
Werkverzeichnis: Aquarelle
und Gouachen 206

Auf der folgenden Doppelseite:
«Wachtposten», Israel 1969
Gouache auf acrylgrundiertem Papier
Format: 42×46 cm, Signatur: Unten
Werkverzeichnis: Aquarelle
und Gouachen 209 b

Rechts:
«Schwingender Gang»
Israel 1969
Gouache auf acryl-
grundiertem Papier
Format: 29 × 24 cm
Signatur: Unten rechts
Werkverzeichnis: Aquarelle
und Gouachen 209 c

Unten:
«Pillenschlucker», Israel 1969
Gouache auf acryl-
grundiertem Papier
Format: 23 × 29 cm
Signatur: Unten rechts
Werkverzeichnis: Aquarelle
und Gouachen 209 d

1970

«Die letzte Habe», Wien 1970
Öl auf acrylgrundiertem Papier
auf Sperrholz kaschiert
mit Weißleim (Polyvinyl)
Format: 60×80 cm
Signatur: Unten links
Werkverzeichnis: Öl 225

101

«Zwischen 2 Bauten», Wien 1970
Öl auf acrylgrundiertem Papier
auf Sperrholz kaschiert mit Weißleim (Polyvinyl)
Format: 26 × 36 cm
Signatur: Unten links
Werkverzeichnis: Öl 226

«Geh mir aus dem Weg», Wien 1970
Öl auf acrylgrundiertem Papier
auf Sperrholz kaschiert mit Weißleim (Polyvinyl)
Format: 50 × 70 cm
Signatur: Unten rechts
Werkverzeichnis: Öl 227

«Der Weg nach Addis Ababa»
Wien 1970
Öl auf acrylgrundiertem
Papier auf Sperrholz
kaschiert mit Weißleim
(Polyvinyl)
Format: 93 × 111 cm
Signatur: Unten rechts
Werkverzeichnis: Öl 229

*Detail auf der
folgenden Doppelseite*

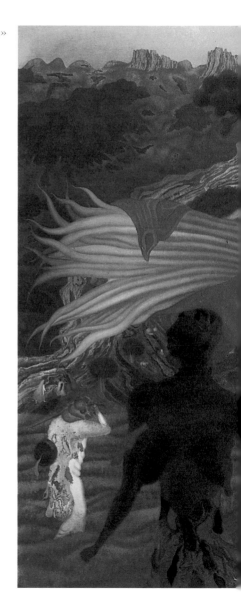

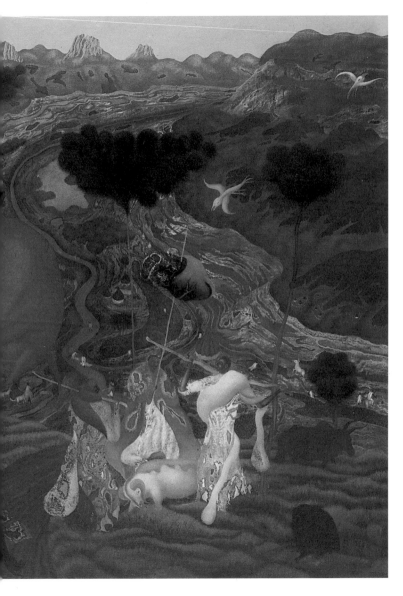

Oben:
«Supermann», Wien 1970
Öl auf acrylgrundiertem Papier
auf Sperrholz kaschiert
mit Weißleim (Polyvinyl)
Format: 68×60 cm
Signatur: Unten rechts
Werkverzeichnis: Öl 228

Ohne Abbildung:
«Froschmann», Israel 1970
Öl auf acrylgrundiertem Papier
auf Sperrholz kaschiert
mit Weißleim (Polyvinyl)
Format: 30×23 cm
Signatur: Unten
Werkverzeichnis: Öl 231

«Anarchist», Israel 1970
Öl auf acrylgrundiertem
Papier auf Sperrholz
kaschiert mit Weißleim
(Polyvinyl)
Format: 37 × 32 cm
Signatur: Unten links
Werkverzeichnis: Öl 230

Unten:
«Esel aus Fiberglas»
Israel 1970
Öl auf acrylgrundiertem
Papier auf Sperrholz
kaschiert mit Weißleim
(Polyvinyl)
Format: 32 × 36 cm
Signatur: Unten links
Werkverzeichnis: Öl 232

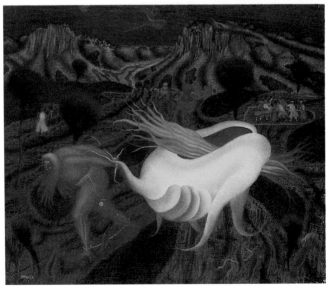

«Wächter», Israel 1970
Öl auf acrylgrundiertem Papier
auf Sperrholz
kaschiert mit Weißleim (Polyvinyl)
Format: 32×36 cm
Signatur: Unten links
Werkverzeichnis: Öl 233

«Nachtwandlerin», vorher
«Unterwegs zum Markt», Wien 1970
Öl auf acrylgrundiertem Papier auf Sperrholz
kaschiert mit Weißleim (Polyvinyl)
Format: 40 × 36 cm
Signatur: Unten rechts
Werkverzeichnis: Öl 236

Rechts:
«Ackermaschine», Wien 1970
Öl auf acrylgrundiertem Papier auf Sperrholz
kaschiert mit Weißleim (Polyvinyl)
Format: 37 × 56 cm
Signatur: Unten links
Werkverzeichnis: Öl 237

Ohne Abbildung:

«Sandspielende Muschel», Israel 1970
Öl auf acrylgrundiertem Papier auf Sperrholz
kaschiert mit Weißleim (Polyvinyl)
Format: 54 × 86 cm
Signatur: Unten
Werkverzeichnis: Öl 234

«Neomi im Garten», Israel 1970
Öl auf acrylgrundiertem Papier auf Sperrholz
kaschiert mit Weißleim (Polyvinyl)
Format: 54 × 86 cm
Signatur: Unten
Werkverzeichnis: Öl 235

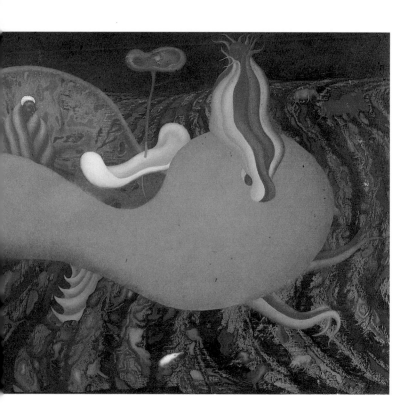

«Spiel mit dem
Atomkern»
Wien 1970
Öl auf acrylgrundiertem
Papier auf Sperrholz
kaschiert mit
Weißleim (Polyvinyl)
Format: 93×111 cm
Signatur: Unten links
Werkverzeichnis: Öl 238

«Spiel mit dem
Atomkern»
Überarbeitete Version

«Marihuanarauch», Wien 1970
Öl auf acrylgrundiertem Papier
auf Sperrholz kaschiert mit Weißleim (Polyvinyl)
Format: 70×62 cm
Signatur: Unten
Werkverzeichnis: Öl 239

«Plastikspeiender Berg», Wien 1970
Öl auf acrylgrundiertem Papier
auf Sperrholz kaschiert mit Weißleim (Polyvinyl)
Format: 70×62 cm
Signatur: Unten
Werkverzeichnis: Öl 240

«Der erste April», Wien 1970
Gouache auf acrylgrundiertem
Papier
auf Sperrholz kaschiert mit
Weißleim (Polyvinyl)
Format: 110 × 160 cm
Signatur: Unten rechts
Werkverzeichnis: Aquarelle
und Gouachen 210

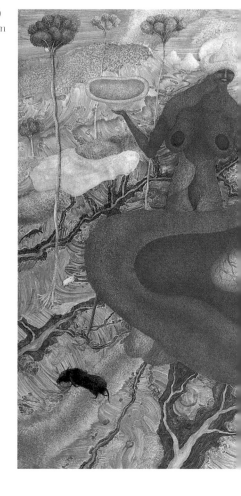

«Gehende Einkaufstasche»
Wien 1970
Gouache auf acrylgrundiertem
Papier
auf Sperrholz kaschiert mit
Weißleim (Polyvinyl)
Format: 70 × 100 cm
Signatur: Unten links
Werkverzeichnis: Aquarelle
und Gouachen 211

«Bewegungsstudie», Wien 1970
Gouache auf acrylgrundiertem Papier
auf Sperrholz kaschiert
mit Weißleim (Polyvinyl)
Format: 70 × 84 cm
Signatur: Unten rechts
Werkverzeichnis: Aquarelle
und Gouachen 212

Unten Detail

«Sprung über den
Graben»
Wien 1970
Gouache auf acryl-
grundiertem Papier
auf Sperrholz kaschiert
mit Weißleim (Polyvinyl)
Format: 90×110 cm
Signatur: Unten links
Werkverzeichnis:
Aqurelle und
Gouachen 213

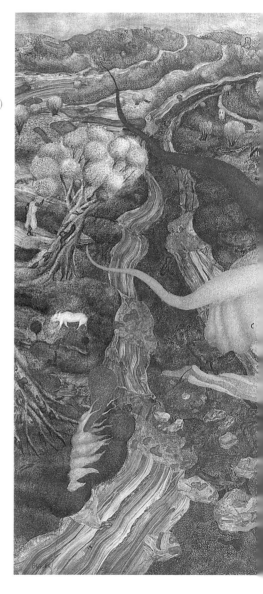

«Erotische Bootsfahrt»
Wien 1970
Gouache auf acryl-
grundiertem Papier
auf Sperrholz kaschiert
mit Weißleim (Polyvinyl)
Signatur: Unten links
Werkverzeichnis:
Aquarelle und
Gouachen 214

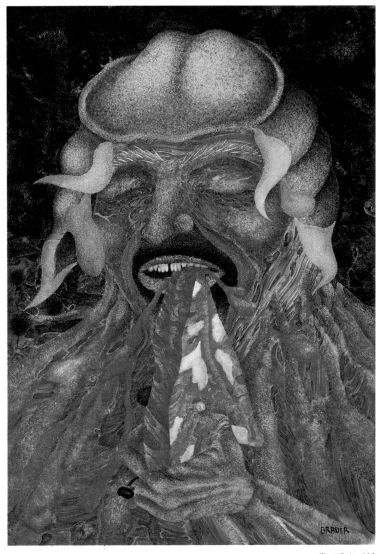

Text Seite 132

130

Text Seite 132

Vorhergehende Doppelseite:

Links:
«Fleischbeißer», Israel 1970
Gouache auf acrylgrundiertem
Papier
Format: 40×28 cm
Signatur: Unten rechts
Werkverzeichnis: Aquarelle
und Gouachen 215

Rechts:
«Samenregen», Israel 1970
Gouache auf acrylgrundiertem
Papier
Format: 40×28 cm
Signatur: Unten links
Werkverzeichnis: Aquarelle
und Gouachen 216

Rechts:
«Die Betonschlange», Israel 1970
Gouache auf acrylgrundiertem
Papier
auf Sperrholz kaschiert mit
Weißleim (Polyvinyl)
Signatur: Unten rechts
Werkverzeichnis: Aquarelle
und Gouachen 217

133

«Bormazo» Operndekoration
Opernhaus Zürich, 1970

1971

«Alles Vogelfutter», Wien 1971
Öl auf acrylgrundiertem Papier
auf Sperrholz kaschiert mit Weißleim (Polyvinyl)
Format: 88 × 54 cm
Signatur: Unten links
Werkverzeichnis: Öl 241

«Kleiner Hafen», Wien 1971
Öl auf acrylgrundiertem Papier
auf Sperrholz kaschiert mit Weißleim (Polyvinyl)
Format: 50 × 44 cm
Signatur: Unten rechts
Werkverzeichnis: Öl 242

«Zwischen Menschen», Wien 1971
Öl auf acrylgrundiertem Papier
auf Sperrholz kaschiert mit Weißleim (Polyvinyl)
Format: 24×48,5 cm
Signatur: Unten rechts
Werkverzeichnis: Öl 243

«Ein neuer Stern», Wien 1971
Öl auf acrylgrundiertem Papier
auf Sperrholz kaschiert mit Weißleim (Polyvinyl)
Format: 130×106 cm, Signatur: Unten links
Werkverzeichnis: Öl 244   *Rechts Detail*

142

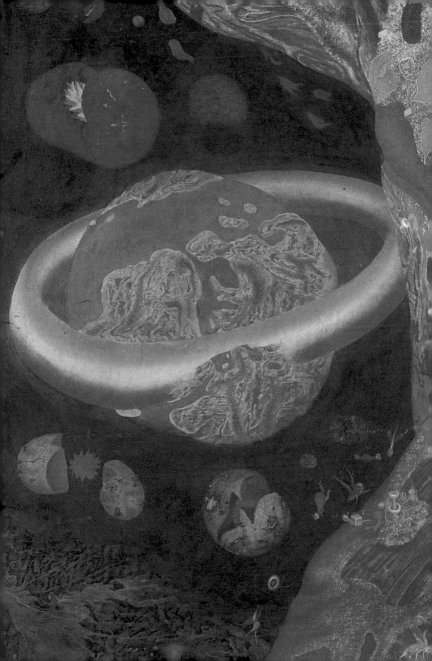

Oben:
«Mit Menschenkraft»
Wien 1971
Öl auf acrylgrundiertem Papier
auf Sperrholz kaschiert
mit Weißleim (Polyvinyl)
Kleinformat
Signatur: Unten links
Werkverzeichnis: Öl 246

Rechts:
«Fehdehandschuh-Friede-
handschuh», Wien 1971
Öl auf acrylgrundiertem Papier
auf Sperrholz kaschiert
mit Weißleim (Polyvinyl)
Format: 170×109 cm
Signatur: Unten links
Werkverzeichnis: Öl 245

Detail auf Seiten 146/147

«Singende Hügel» (Plattencover), Wien 1971
Gouache auf acrylgrundiertem Papier
Format: 30,5×30,5 cm
Signatur: Unten
Werkverzeichnis: Aquarelle und Gouachen 220

Ohne Abbildung: «Zeig die Zunge», Lech 1971
                    Gouache auf acrylgrundiertem Papier
                    Format: 27×22 cm
                    Signatur: Unten
                    Werkverzeichnis: Aquarelle und Gouachen 218

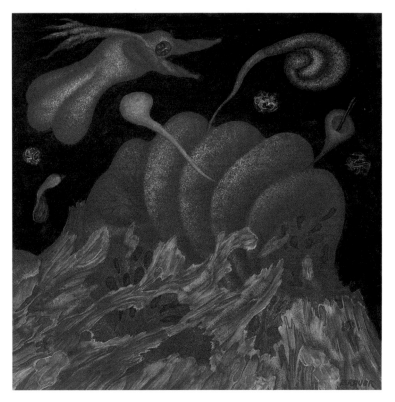

«Singende Hügel», Wien 1971
Gouache auf acrylgrundiertem Papier
Format: 30,5×30,5 cm
Signatur: Unten rechts
Werkverzeichnis: Aquarelle und Gouachen 221

«Im hohen Gras», Lech 1971
Gouache auf acrylgrundiertem Papier
Format: 25×22 cm
Signatur: Unten
Werkverzeichnis: Aquarelle und Gouachen 219

«Singende Hügel», Wien 1971
Gouache auf acrylgrundiertem Papier
Format: 30,5×30,5 cm
Signatur: Unten rechts
Werkverzeichnis: Aquarelle und Gouachen 222

«1. Traum: Flammenwagen»
Israel 1971
Gouache auf acrylgrundiertem
Papier
Format: 20×20 cm
Signatur: Unten links
Werkverzeichnis: Aquarelle
und Gouachen 223

«2. Traum: Ausbruch»
Israel 1971
Gouache auf acrylgrundiertem
Papier
Format: 20×20 cm
Signatur: Unten rechts
Werkverzeichnis: Aquarelle
und Gouachen 224

«3. Traum: Blinde Kuh»
Israel 1971
Gouache auf acrylgrundiertem
Papier
Format: 20×20 cm
Signatur: Unten links
Werkverzeichnis: Aquarelle
und Gouachen 225

«5. Traum: Maske»,
Israel 1971
Gouache auf acrylgrundiertem Papier
Format: 20×20 cm
Signatur: Unten links
Werkverzeichnis: Aquarelle und Gouachen 227

«4. Traum: Nasse Hand»
Israel 1971
Gouache auf acrylgrundiertem
Papier
Format: 20×20 cm
Signatur: Unten links
Werkverzeichnis: Aquarelle
und Gouachen 226

«6. Traum: Brotengel»
Israel 1971
Gouache auf acrylgrundiertem
Papier
Format: 20×20 cm
Signatur: Unten links
Werkverzeichnis: Aquarelle
und Gouachen 228

«7. Traum: Fliegende Hand»
Israel 1971
Gouache auf acrylgrundiertem
Papier
Format: 20×20 cm
Signatur: Unten links
Werkverzeichnis: Aquarelle
und Gouachen 229

Rechts:
«Wunderzigarre», New York 1971
Gouache auf acrylgrundiertem Papier
Format: 25×18 cm
Signatur: Unten rechts
Werkverzeichnis: Aquarelle und Gouachen 231

Ohne Abbildung:

«Amoklauf», New York 1971
Gouache auf acrylgrundiertem
Papier
Format: 26×24,5 cm
Signatur: Unten
Werkverzeichnis: Aquarelle
und Gouachen 230

«Fundament für ein rundes Haus»
Wien 1971
Gouache auf acrylgrundiertem
Papier
Format: 35×25 cm
Signatur: Unten
Werkverzeichnis: Aquarelle
und Gouachen 232

«Steppenbrand», Wien 1971
Gouache auf acrylgrundiertem
Papier
Format: 35×25 cm
Signatur: Unten
Werkverzeichnis: Aquarelle
und Gouachen 233

«Die letzten Steinmetze»
Wien 1971
Gouache auf acrylgrundiertem
Papier
Format: 25×25 cm
Signatur: Unten
Werkverzeichnis: Aquarelle
und Gouachen 234

«Zornig», Wien 1971
Gouache auf acrylgrundiertem
Papier
Format: 21,5×30,5 cm
Signatur: Unten
Werkverzeichnis: Aquarelle
und Gouachen 235

«Krautesser»
Gouache auf acrylgrundiertem
Papier
Kleinformat
Signatur: Unten
Werkverzeichnis: Aquarelle
und Gouachen 236

Ohne Abbildung:

«Maultrommel als Trost»
Wien 1971
Gouache auf acrylgrundiertem
Papier
Kleinformat
Signatur: Unten
Werkverzeichnis: Aquarelle
und Gouachen 237

«Krautesser»
Gouache auf acrylgrundiertem
Papier
Kleinformat
Signatur: Unten
Werkverzeichnis: Aquarelle
und Gouachen 238

«Spinnerin»
Gouache auf acrylgrundiertem
Papier
Kleinformat
Signatur: Unten
Werkverzeichnis: Aquarelle
und Gouachen 239

«Grüner Freier»
Gouache auf acrylgrundiertem
Papier
Kleinformat
Signatur: Unten
Werkverzeichnis: Aquarelle
und Gouachen 240

«Sesselfreund»
Gouache auf acrylgrundiertem
Papier
Kleinformat
Signatur: Unten
Werkverzeichnis: Aquarelle
und Gouachen 241

«Traumbrille»
Gouache auf acrylgrundiertem
Papier
Kleinformat
Signatur: Unten
Werkverzeichnis: Aquarelle
und Gouachen 242

«Windiger Platz»
Gouache auf acrylgrundiertem
Papier
Kleinformat
Signatur: Unten
Werkverzeichnis: Aquarelle
und Gouachen 243

1972

«Mauer Kragen», Wien 1972
Öl auf acrylgrundiertem Papier
auf Sperrholz
kaschiert mit Weißleim (Polyvinyl)
Format: 54×48 cm
Signatur: Unten
Werkverzeichnis: Öl 247

Oben:
«Die Stadt»
(2. Zustand), Wien 1972
Öl auf acrylgrundiertem Papier
auf Sperrholz kaschiert
mit Weißleim (Polyvinyl)
Format: 45×37 cm
Signatur: Unten
Werkverzeichnis: Öl 249

«Laufendes Feuer», Wien 1972
Öl auf acrylgrundiertem Papier
auf Sperrholz kaschiert mit Weißleim (Polyvinyl)
Format: 40×57 cm
Signatur: Unten rechts
Werkverzeichnis: Öl 253

«Insektenschächter», Wien 1972
Öl auf acrylgrundiertem Papier
auf Sperrholz kaschiert mit Weißleim (Polyvinyl)
Format: 34×40 cm
Signatur: Unten links
Werkverzeichnis: Öl 250

«Kaktus Schlepper», Wien 1972
Öl auf acrylgrundiertem Papier
auf Sperrholz kaschiert mit Weißleim (Polyvinyl)
Format: 35×40 cm, Signatur: Unten rechts
Werkverzeichnis: Öl 251

Ohne Abbildung:

«Bunte Drachen»
Gouache auf acrylgrundiertem
Papier
Kleinformat, Signatur: Unten
Werkverzeichnis: Aquarelle
und Gouachen 244

«Loch im Wald»
Gouache auf acrylgrundiertem
Papier
Kleinformat, Signatur: Unten
Werkverzeichnis: Aquarelle
und Gouachen 245

Rechts:
«Theater», Wien 1972
Entwurf zum
Gobelin für die
Wiener Staatsoper
Gouache auf acrylgrundiertem
Papier
Format: 15×65 cm
Signatur: Unten
Werkverzeichnis: Aquarelle
und Gouachen 248

Ohne Abbildung:

«Blau im Kaktus»
Ein Hod 1972
Gouache auf acrylgrundiertem
Papier
Kleinformat
Signatur: Unten
Werkverzeichnis: Aquarelle
und Gouachen 246

Ohne Titel, Ein Hod 1972
Gouache auf acrylgrundiertem
Papier
Kleinformat
Signatur: Unten
Werkverzeichnis: Aquarelle
und Gouachen 247

«Traumwächter», Wien 1972
Gouache auf acrylgrundiertem
Papier
Kleinformat
Signatur: Unten
Werkverzeichnis: Aquarelle
und Gouachen 251

«Zwischen Schafen und Wölfen»,
Wien 1972
Gouache auf acrylgrundiertem
Papier
Kleinformat
Signatur: Unten
Werkverzeichnis: Aquarelle
und Gouachen 252

Rechts:
«Mahlzeit auf der Straße», Wien 1972
Gouache auf acrylgrundiertem Papier
auf Sperrholz kaschiert mit Weißleim (Polyvinyl)
Format: 70×55 cm
Signatur: Unten links
Werkverzeichnis: Aquarelle und Gouachen 250

165

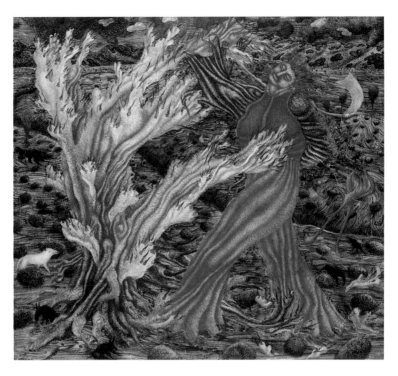

«Kampf mit dem Kaktus», Wien 1972
Gouache auf acrylgrundiertem Papier
auf Sperrholz kaschiert mit Weißleim (Polyvinyl)
Format: 61×66 cm
Signatur: Unten links
Werkverzeichnis: Aquarelle und Gouachen 249

«Unheimlicher Kragen», Wien 1972
Gouache auf acrylgrundiertem Papier
Kleinformat, Signatur: Unten links
Werkverzeichnis: Aquarelle und Gouachen 254

«Abend in der City», Wien 1972
Gouache auf acrylgrundiertem Papier
Format: 18×25 cm
Signatur: Unten links
Werkverzeichnis: Aquarelle und Gouachen 255

Ohne Abbildung:
«Hundewetter», Wien 1972
Gouache auf acrylgrundiertem Papier
Kleinformat
Signatur: Unten
Werkverzeichnis: Aquarelle und Gouachen 253

«Tod für eine Mütze», Wien 1972
Gouache auf acrylgrundiertem Papier
Format: 24×19 cm
Signatur: Unten links
Werkverzeichnis: Aquarelle und Gouachen 256

«Drei Könige», Wien 1972
Gouache auf acrylgrundiertem Papier
Format: 22×38 cm
Signatur: Unten rechts
Werkverzeichnis: Aquarelle und Gouachen 258

«Streit um einen Baum», Wien 1972
Gouache auf acrylgrundiertem Papier
Format: 70×60 cm
Signatur: Unten links
Werkverzeichnis: Aquarelle und Gouachen 259

«Turmbau in Babel», Wien 1972
Gouache auf acrylgrundiertem Papier
Format: 70×60 cm
Signatur: Unten
Werkverzeichnis: Aquarelle und Gouachen 257

Folgende Doppelseite Detail

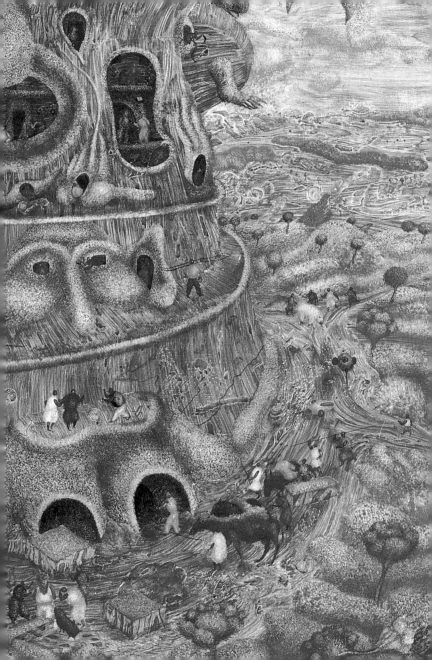

Ohne Abbildung:

«Kragen mit Ohren», Wien 1972
Gouache auf acrylgrundiertem Papier
Kleinformat
Signatur: Unten
Werkverzeichnis: Aquarelle und Gouachen 260

«Ein komischer Vogel», Wien 1972
Gouache auf acrylgrundiertem Papier
Kleinformat
Signatur: Unten
Werkverzeichnis: Aquarelle und Gouachen 261

1973

«Hundekönig», Wien 1973
Öl auf acrylgrundiertem Papier
auf Sperrholz kaschiert mit Weißleim (Polyvinyl)
Format: 42×60 cm, Signatur: Unten links
Werkverzeichnis: Öl 252

«Die Menschenbälle»
(Früher «Die Fuchsjagd», wurde übermalt), Wien 1973
Öl auf acrylgrundiertem Papier
auf Sperrholz kaschiert mit Weißleim (Polyvinyl)
Format: 80 × 60 cm
Signatur: Unten rechts
Werkverzeichnis: Öl 254

Folgende Doppelseite Detail

«Runder Unterbau» (oder Rundbau), Israel 1973
Öl auf acrylgrundiertem Papier
auf Sperrholz kaschiert mit Weißleim (Polyvinyl)
Format: 37 × 41 cm, Signatur: Unten rechts
Werkverzeichnis: Öl 255

Rechts oben:
«Die Adademie der Wüste»
Israel 1973
Öl auf acrylgrundiertem Papier
auf Sperrholz kaschiert
mit Weißleim (Polyvinyl)
Format: 34 × 37 cm
Signatur: Unten links
Werkverzeichnis: Öl 256

Rechts unten:
«Die Schmetterlingsfänger»
Israel 1973
Öl auf acrylgrundiertem Papier
auf Sperrholz kaschiert
mit Weißleim (Polyvinyl)
Format: 27 × 35 cm
Signatur: Unten rechts
Werkverzeichnis: Öl 257

185

«Die Mutter meiner Frau», 1974
Öl auf Blattgold auf Lindenholz
Format: 14×10 cm
Signatur: Unten rechts
Werkverzeichnis: Öl 262 a

Ohne Abbildung:
«Blumengießen», Wien 1973
Öl auf acrylgrundiertem Papier auf Sperrholz
kaschiert mit Weißleim (Polyvinyl)
Format: 35×27 cm
Signatur: Unten rechts
Werkverzeichnis: Öl 259

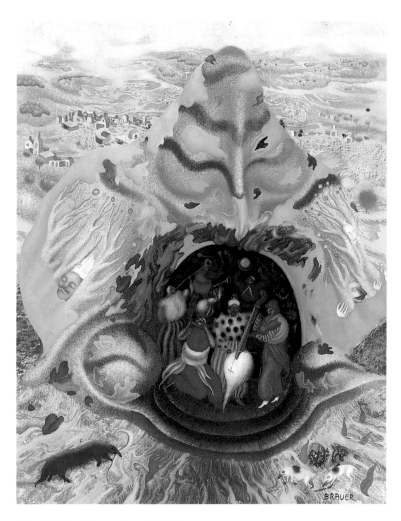

«Das lustige Haus», Israel 1973
Öl auf acrylgrundiertem Papier
auf Sperrholz kaschiert mit Weißleim (Polyvinyl)
Kleinformat, Signatur: Unten rechts, Werkverzeichnis: Öl 258

«Denkender», Wien 1973
Gouache auf acrylgrundiertem
Papier
Kleinformat
Signatur: Unten links
Werkverzeichnis: Aquarelle
und Gouachen 262

«Träumender», Wien 1973
Gouache auf acrylgrundiertem
Papier
Kleinformat
Signatur: Unten rechts
Werkverzeichnis: Aquarelle
und Gouachen 263

Links:
«Schlafender», Wien 1973
Gouache auf acrylgrundiertem
Papier
Kleinformat
Signatur: Unten
Werkverzeichnis: Aquarelle
und Gouachen 264

«Linker Hirte», Wien 1973
Gouache auf acrylgrundiertem Papier
auf Sperrholz kaschiert mit Weißleim (Polyvinyl)
Format: 100×80 cm, Signatur: Unten rechts
Werkverzeichnis: Aquarelle und Gouachen 265

«Königsreise», Wien 1973
Gouache auf acrylgrundiertem Papier
auf Sperrholz kaschiert mit Weißleim (Polyvinyl)
Format: 100×250 cm
Signatur: Unten rechts
Werkverzeichnis: Aquarelle und Gouachen 266

Vergrößerter Ausschnitt auf den folgenden beiden Doppelseiten

«Rechter Hirte», Wien 1973
Gouache auf acrylgrundiertem Papier
auf Sperrholz kaschiert mit Weißleim (Polyvinyl)
Format: 100×80 cm, Signatur: Unten rechts
Werkverzeichnis: Aquarelle und Gouachen 267

«Paradies Vogeljäger», Wien 1973
Gouache auf acrylgrundiertem Papier
Kleinformat
Signatur: Unten rechts
Werkverzeichnis: Aquarelle und Gouachen 268

«La belle mesère», Wien 1973
Gouache auf acrylgrundiertem Papier
Kleinformat
Signatur: Unten rechts
Werkverzeichnis: Aquarelle und Gouachen 269

«Equilibrist», Wien 1973
Gouache auf acrylgrundiertem
Papier
Kleinformat
Signatur: Unten links
Werkverzeichnis: Aquarelle
und Gouachen 270

Unten:
«Zuchtergebnis», Wien 1973
Gouache auf acrylgrundiertem
Papier
Kleinformat
Signatur: Unten links
Werkverzeichnis: Aquarelle
und Gouachen 273

«Zwischen Rinnsalen»
Wien 1973
Gouache auf acrylgrundiertem
Papier
Format: 20,5×14,5 cm
Signatur: Unten
Werkverzeichnis: Aquarelle
und Gouachen 271

Links:
«Katzenheld», Israel 1973
Gouache auf acrylgrundiertem
Papier
Format: 12,5×20,5 cm
Signatur: Unten
Werkverzeichnis: Aquarelle
und Gouachen 277

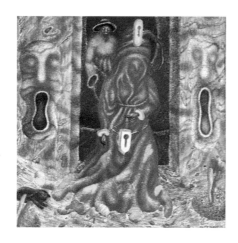

Oben:
«Frau am Strick», Israel 1973
Gouache auf acrylgrundiertem
Papier
Format: 20 × 20 cm
Signatur: Unten rechts
Werkverzeichnis: Aquarelle
und Gouachen 275

Rechts:
«Sperre keinen Dichter ein»
Israel 1973
Gouache auf acrylgrundiertem
Papier
Format: 16,5 × 21 cm
Signatur: Unten
Werkverzeichnis: Aquarelle
und Gouachen 276

«Alles was Flügel hat fliegt»
Wien 1973
Gouache auf acrylgrundiertem
Papier
auf Sperrholz kaschiert
mit Weißleim (Polyvinyl)
Format: 110×100 cm
Signatur: Unten
Werkverzeichnis: Aquarelle
und Gouachen 274

«Alles was Flügel hat fliegt»

Es gibt die Form des Würfels, und es gibt das Ei und die Kugel. Und für mich ist das Viereckige das Böse und das Runde ist das Gute. Zunächst gehe ich dabei von einem reinen Gefühl aus. So gefällt es mir, so empfinde ich es. Ich kann dieses Gefühl natürlich nun auch intellektuell anreichern. Ich kann hingehen und sagen, das Viereck, das einfache Viereck, sei eine Konstruktion, und zwar eine sehr unkomplizierte. Es ist eine Art intellektueller Konstruktion, eine Maschine kann es nachmachen. Besonders in der Architektur sehe ich das Viereck wirklich als eine Art Ungeheuer, als eine schlechte Architektur. Diese ist sachlich und geht davon aus, daß der Mensch auch ein sachliches Ding ist mit Funktionen. Es berücksichtigt nicht, daß der Mensch etwas äußerst Kompliziertes und Vielschichtiges darstellt, das mit Geometrie überhaupt nichts zu tun hat und durch die Geometrie daher auch nicht befriedigt werden kann. Das Ei oder die Gebärmutter oder was immer der Mensch von Anfang an eigentlich gewöhnt ist, bedeutet für mich das Gute, und in meinen Bildern ist es natürlich aufgeladen mit einer Fülle von Symbolen, die ja auch in meinen Liedern vorkommen.

Auf meinem Bild «Alles was Flügel hat fliegt» kommt aus einem Ei ein Vogel heraus, der fliegt. Das Fliegen meint natürlich ein Symbol, ein einfaches, vordergründiges Symbol, ein sehr starkes, welches selbst Kinder beschäftigt, ein Zeichen des Schwebens und des Freiseins und des freien Entfaltens von Gedanken. Das Hocken in einem Viereck, in einem geschlossenen Gefängnis, ist demgegenüber steril, und es tötet das

Denken, das wirkliche freie Denken und Empfinden, ab. Und darum verkörpert das auch einen Drachen und das Runde einen Vogel. Ja und da sieht man dazu die verschiedensten Geschichten: Da sind die Probleme mit der Umwelt, da werden etwa eine alte Kirche, ein altes Haus zerstört von einem Ungeheuer. Da gibt es dann die verschiedensten Szenen, wo sich Personen streiten. Über die Freiheit etwa. Dann geht es um eine andere Umweltgeschichte; da steht eine Maschine, die etwas produziert, und unten heraus läuft das dreckige Wasser und oben die dreckige Luft. Und dann sterben die Fische und dann sterben die Blätter; sogar die toten Blätter sterben dann noch einmal.

Dann gibt es diesen Lehrer, der kommt übrigens in dem Bild mit den Kinderspielen vor. Ich habe einen sehr schlechten Lehrer gehabt, der mich mein ganzes Leben lang verfolgt. Hier ist eine aus Stein gemeißelte Feder als Nadel. Ich habe es übrigens gern, wenn man lacht über meine Bilder, wirklich! Es macht mich glücklich, weil das nicht so ernst ist; es soll ja auch eigentlich ein Theater, theatralisch sein. Da steht eine Wiege, eine Gedankenwiege, da wird man hineingelegt und geschaukelt, automatisch. Währenddessen erlebt man die Welt. Das ist dann so wie beim Fernsehen, man erlebt die Welt nicht wirklich, man erlebt sie aber scheinbar. Hier befindet sich eine Traumwiege. Auf ihr hat man Träume, aber die Wirklichkeit besitzt man nicht. Und viele andere solche Dinge. Da fährt ein Auto. Das Auto meint auch so eine Sache, mit der ich mich viel beschäftige. Es nimmt ein enormes Volumen ein, und dahinter steht eine unheimliche Seele, ein unheimlicher Ausdruck einer ganz intensiven negativen Geistigkeit.   *Arik Brauer*

«Traumwiege», Wien 1973
Ton gebrannt – Bronzeguß
Format: 18×37×18 cm
Werkverzeichnis: ohne Numerierung

«Gedankenhut», Wien 1973
Ton gebrannt – Bronzeguß
Format: 20×28×16 cm
Werkverzeichnis:
ohne Numerierung

«Alles was Flügel hat fliegt –
Spinnerin», Wien 1973
Ton gebrannt – Bronzeguß
Format: 36×20×37 cm
Werkverzeichnis:
ohne Numerierung

«Das Bewegungszeug»
Wien 1973
Ton gebrannt – Bronzeguß
Format: 21×43×15 cm
Werkverzeichnis:
ohne Numerierung

«Vogel», Wien 1973
Ton gebrannt – Bronzeguß
Format: 18×24×12 cm
Werkverzeichnis:
ohne Numerierung

«Das Krautkleid», Wien 1973
Ton gebrannt – Bronzeguß
Format: 31 × 14 × 12 cm
Werkverzeichnis: ohne Numerierung

«Alles was Flügel hat fliegt –
Drache», Wien 1973
Ton gebrannt – Bronzeguß
Format: 18 × 20 × 37 cm
Werkverzeichnis: ohne Numerierung

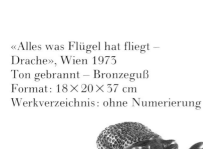

Szenenfotos zu dem Singspiel
«Alles was Flügel hat fliegt»

1974

«Runder Brunnen», Israel 1974
Öl auf acrylgrundiertem Papier
auf Sperrholz kaschiert mit Weißleim (Polyvinyl)
Format: 34×40 cm
Signatur: Unten rechts
Werkverzeichnis: Öl 248

«Tanzboden», Wien 1974
Öl auf acrylgrundiertem Papier
auf Sperrholz kaschiert mit Weißleim (Polyvinyl)
Format: 35×37 cm
Signatur: Unten rechts
Werkverzeichnis: Öl 267

Rechts:
«Meine Tochter Ruth», Israel 1974
Öl auf Blattgold auf Lindenholz
Format: 14×10 cm
Signatur: Unten
Werkverzeichnis: Öl 274 a

Oben:
«Herbstausflug», Wien 1974
Öl auf acrylgrundiertem Papier
auf Sperrholz kaschiert
mit Weißleim (Polyvinyl)
Format: 35×37 cm
Signatur: Unten links
Werkverzeichnis: Öl 268

«Die Heile Bank», Wien 1974
Öl auf acrylgrundiertem Papier
auf Sperrholz kaschiert
mit Weißleim (Polyvinyl)
Format: 60 × 80 cm
Signatur: Unten rechts
Werkverzeichnis: Öl 269

«Am runden Tisch», Wien 1974
Öl auf acrylgrundiertem Papier
auf Sperrholz kaschiert mit Weißleim (Polyvinyl)
Format: 55×49 cm
Signatur: Unten links
Werkverzeichnis: Öl 270

Links Detail

«Der siebente Baum in der Steppe», Israel 1974
Gouache auf acrylgrundiertem Papier
Format: 20,3×17,3 cm
Signatur: Unten links
Werkverzeichnis: Aquarelle und Gouachen 284

«Dunkle Herde», Israel 1974
Gouache auf acrylgrundiertem Papier
Format: 25×21 cm
Signatur: Unten links
Werkverzeichnis: Aquarelle und Gouachen 286

«Chad Gdja I», Israel 1974
Gouache auf acrylgrundiertem Papier
Format: 20×16 cm
Signatur: Unten links
Werkverzeichnis: Aquarelle und Gouachen 288

«Chad Gdja II», Israel 1974
Gouache auf acrylgrundiertem Papier
Format: 20×16 cm
Signatur: Unten links
Werkverzeichnis: Aquarelle und Gouachen 287

«Sockenträger», Wien 1974
Gouache auf acrylgrundiertem
Papier
Format: 10,5 × 14,7 cm
Signatur: Unten
Werkverzeichnis: Aquarelle
und Gouachen 278

«Der Kunstkritiker», Wien 1974
Gouache auf acrylgrundiertem
Papier
Format: 10,5 × 14,7 cm
Signatur: Unten rechts
Werkverzeichnis: Aquarelle
und Gouachen 279

Links:
«Meine bunte Säule», Israel 1974
Gouache auf acrylgrundiertem Papier
Format: 21 × 14 cm
Signatur: Unten links
Werkverzeichnis: Aquarelle und Gouachen 290

Oben links:
«Diva», Wien 1974
Gouache auf acrylgrundiertem
Papier
Format: 14,8×11 cm
Signatur: Unten links
Werkverzeichnis: Aquarelle
und Gouachen 280

Oben rechts:
«Zirkusfrau», Wien 1974
Gouache auf acrylgrundiertem
Papier
Format: 14,5×11 cm
Signatur: Unten
Werkverzeichnis: Aquarelle
und Gouachen 281

«Ein trockenes Jahr», Wien 1974
Gouache auf acrylgrundiertem Papier
Format: 20×25 cm
Signatur: Unten links
Werkverzeichnis: Aquarelle und Gouachen 285

Links:
«Marktfrau», Wien 1974
Gouache auf acrylgrundiertem
Papier
Format: 15×11 cm
Signatur: Unten links
Werkverzeichnis: Aquarelle
und Gouachen 282

Ohne Abbildung:
«Lumpensängerin», Israel 1974
Gouache auf acrylgrundiertem
Papier
Kleinformat
Signatur: Unten
Werkverzeichnis: Aquarelle
und Gouachen 283

«Blinde Kuh», Wien 1974
Gouache auf acrylgrundiertem Papier
Format: 20×16 cm
Signatur: Unten links
Werkverzeichnis: Aquarelle und Gouachen 289

«Die Naive», Wien 1974
Gouache auf acrylgrundiertem Papier
Format: 23 × 19,5 cm
Signatur: Unten links
Werkverzeichnis: Aquarelle und Gouachen 298

«Das letzte
Strohdach»
Wien 1974/75
Gouache auf
acrylgrundiertem
Papier auf
Sperrholz
kaschiert mit
Weißleim
(Polyvinyl)
Format: 66×82 cm
Signatur:
Unten links
Werkverzeichnis:
Aquarelle und
Gouachen 295

«Der Regenmacher vom Karmel»
Mexiko 1974
Gobelin
Format: 190 × 215 cm
Signatur: Unten rechts
Werkverzeichnis: ohne Numerierung

Der folgende Zyklus «Persecution of the Jewish People» ist in den Jahren 1973 bis 1975 entstanden.

«Slaves were we to Pharao in Egypt»
(Zyklus «Persecution of the Jewish People»), Wien 1973–74
Öl auf acrylgrundiertem Papier
auf Sperrholz kaschiert mit Weißleim (Polyvinyl)
Format: 101×81 cm, Signatur: Unten rechts, Werkverzeichnis: Öl 260

Rechts Detail da

«Destruction
of the Temple»
(Zyklus
«Persecution of the
Jewish People»)
Wien 1973–74
Öl auf acryl-
grundiertem Papier
auf Sperrholz
kaschiert
mit Weißleim
(Polyvinyl)
Format: 81 × 101 cm
Signatur: Unten
Werkverzeichnis:
Öl 261

«Massada»
(Zyklus
«Persecution of the
Jewish People»)
Wien 1973–74
Öl auf acrylgrund.
Papier
auf Sperrholz
kaschiert
mit Weißleim
(Polyvinyl)
Format: 81 × 101 cm
Signatur:
Unten rechts
Werkverzeichnis:
Öl 262

«Sactification of the Holy Name»
(Zyklus «Persecution of the Jewish People»), Wien 1973–74
Öl auf acrylgrundiertem Papier
auf Sperrholz kaschiert mit Weißleim (Polyvinyl)
Format: 101×81 cm, Signatur: Unten rechts, Werkverzeichnis: Öl 263

Rechts Detail

«Pogrom in
Kischinew»
(Zyklus
«Persecution of the
Jewish People»)
Wien 1973–74
Öl auf acryl-
grundiertem Papier
auf Sperrholz
kaschiert mit
Weißleim (Polyvinyl)
Format: 81×101 cm
Signatur: Unten
Werkverzeichnis:
Öl 264

«1944»
(Zyklus «Persecution of the Jewish People»)
Ein Hod/Wien 1974
Öl auf acrylgrundiertem Papier
auf Sperrholz kaschiert mit Weißleim (Polyvinyl)
Format: 101 × 81 cm
Signatur: Unten links
Werkverzeichnis: Öl 265

«Besieged Israel»
(Zyklus
«Persecution of the
Jewish People»)
Ein Hod/Wien 1974
Öl auf acryl-
grundiertem Papier
auf Sperrholz
kaschiert mit
Weißleim (Polyvinyl)
Format: 81 × 101 cm
Signatur:
Unten rechts
Werkverzeichnis:
Öl 266

*Folgende
Doppelseite
Detail*

1975

«Wüstenwind», Israel 1975
Öl auf acrylgrundiertem Papier
auf Sperrholz
kaschiert mit Weißleim (Polyvinyl)
Format: 29×47 cm
Signatur: Unten rechts
Werkverzeichnis: Öl 276

Folgende Doppelseite:

Links:
«Kulturreste», Israel 1975
Öl auf acrylgrundiertem Papier
auf Sperrholz kaschiert
mit Weißleim (Polyvinyl)
Format: 40×25 cm
Signatur: Unten links
Werkverzeichnis: Öl 273

Rechts:
«Bohrer», Israel 1975
Öl auf acrylgrundiertem Papier
auf Sperrholz kaschiert
mit Weißleim (Polyvinyl)
Format: 42×26 cm
Signatur: Unten links
Werkverzeichnis: Öl 274

«Baum gepflanzt», Israel 1975
Öl auf acrylgrundiertem Papier
auf Sperrholz kaschiert
mit Weißleim (Polyvinyl)
Format: 23 × 14 cm
Signatur: Unten links
Werkverzeichnis: Öl 272

«Der letzte Schabat», Israel 1975
Öl auf acrylgrundiertem Papier
auf Sperrholz
kaschiert mit Weißleim (Polyvinyl)
Format: 23 × 14 cm ⟩
Signatur: Unten links
Werkverzeichnis: Öl 277

Text Seite 256

Text Seite 256

«Mehr als eine Schlange», Israel 1975
Öl auf acrylgrundiertem Papier
auf Sperrholz
kaschiert mit Weißleim (Polyvinyl)
Format: 26,5×21 cm
Signatur: Unten links
Werkverzeichnis: Öl 271

«Mehr als ein Fisch», Israel 1975
Öl auf acrylgrundiertem Papier
auf Sperrholz
kaschiert mit Weißleim (Polyvinyl)
Format: 28 × 24 cm
Signatur: Unten links
Werkverzeichnis: Öl 275

«Eine heikle Stelle», Wien 1975
Öl auf acrylgrundiertem Papier
auf Sperrholz kaschiert mit Weißleim (Polyvinyl)
Format: 78 × 68 cm, Signatur: Unten rechts
Werkverzeichnis: Öl 278

Links Detail

«Vogelmutter», Wien 1975
Gouache auf acrylgrundiertem Papier
Format: 32×25 cm
Signatur: Unten links
Werkverzeichnis: Aquarelle und Gouachen 291

«Ein harter Sommer», Wien 1975
Gouache auf acrylgrundiertem Papier
Format: 28,5×21 cm
Signatur: Unten
Werkverzeichnis: Aquarelle und Gouachen 292

Oben:
«Wirtshausschlägerei»
Wien 1975
Gouache auf acrylgrundiertem
Papier
Format: 23×31 cm
Signatur: Unten links
Werkverzeichnis: Aquarelle
und Gouachen 293

Rechts:
«Maschnun», Wien 1975
Gouache auf acrylgrundiertem
Papier
Format: 28,2×21 cm
Signatur: Unten rechts
Werkverzeichnis: Aquarelle
und Gouachen 294

«Time», Wien 1975
Gouache auf acrylgrundiertem Papier
Format: 33×25 cm, Signatur: Unten links
Werkverzeichnis: Aquarelle und Gouachen 296

«Alaskaöl», Wien 1975
Gouache auf acrylgrundiertem Papier
Format: 21×28 cm
Signatur: Unten rechts
Werkverzeichnis: Aquarelle und Gouachen 297

«Seder Abend», Israel 1975
Gouache auf acrylgrundiertem Papier
Kleinformat
Signatur: Unten rechts
Werkverzeichnis: Aquarelle und Gouachen 299

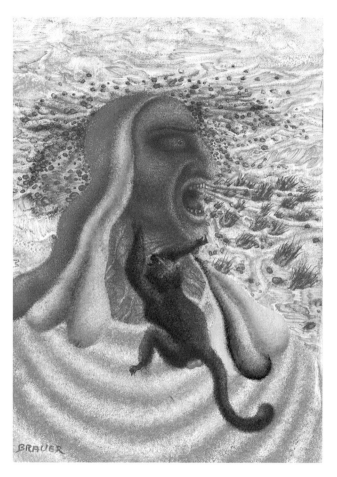

«Zorniger Hintergrund», Israel 1975
Gouache auf acrylgrundiertem Papier
Format: 27×20 cm
Signatur: Unten rechts
Werkverzeichnis: Aquarelle und Gouachen 304

«Wunde im Berg», Israel 1975
Gouache auf acrylgrundiertem Papier
Format: 27×35 cm
Signatur: Unten rechts
Werkverzeichnis: Aquarelle und Gouachen 300

«Frommer Hintergrund», Israel 1975
Gouache auf acrylgrundiertem Papier
Format: 26×20 cm
Signatur: Unten rechts
Werkverzeichnis: Aquarelle und Gouachen 301

«Gitarre als Frau»
Israel 1975
Gouache auf acryl-
grundiertem Papier
Format: 23 × 20 cm
Signatur:
Unten links
Werkverzeichnis:
Aquarelle und
Gouachen 302

«Der beleidigte Fluß»
Israel 1975
Gouache auf acryl-
grundiertem Papier
Format: 22 × 38 cm
Sig.: Unten links
Werkverzeichnis:
Aquarelle und
Gouachen 304

Die bibliophilen Taschenbücher

«Ein verlegerisches Unternehmen, das der Augen- und Sinnenfeindschaft entgegenwirkt, die unser massenmediales Zeitalter so traurig kennzeichnen» (FAZ).

In einem Programm ohne Alternative erscheinen Bücher der Sachgebiete:

Kunst · Kunsthandwerk und Kleinkunst
Plakate und Gebrauchsgraphik · Alte Postkarten
Reklame von gestern · Musik, Theater, Film · Fotografie
Literatur · Alte Kinderbücher · Geschichte
Religion, Glaube, Mythos · Karikaturen und Satiren
Kulinarisches · Erotica · Medizin, Naturwissenschaft, Technik
Architektur und Veduten · Länder, Reisen, Volkstum
Moden, Trachten, Uniformen · Militaria
Geld, Wirtschaft, Recht · Natur und Tiere · Sport und Spiel
Austriaca · Anthologien/Sammlungen

Kunst

Band Nr. 1
Gutenberg-Bibel
Nach der Ausgabe von 1450–1455. Nachworte von Wieland Schmidt und Aloys Ruppel. 320 Seiten, 19,80 DM

Band Nr. 19
Grandville
Die Seele der Blumen –
Les Fleurs Animées
Nach der Ausgabe von 1847. Nachwort von Marianne Bernhard. 116 Seiten, 5 Farbtafeln, 14,80 DM

Band Nr. 26
Herzensangelegenheiten.
Liebe aus der Gartenlaube
Aus dem 19. Jahrhundert. Nachwort von Marianne Bernhard. 156 Seiten, 102 Abbildungen, 6,80 DM

Band Nr. 39
Ludwig Richter
Beschauliches
und Erbauliches
Nach der Ausgabe von 1855. Nachwort von Reinhard Bentmann. 66 Seiten, 35 Holzschnitte, 6,80 DM

Band Nr. 43
Hans Burgkmair d. J.
Turnier-Buch
Nach der Ausgabe von 1853. Nachwort von Reinhard Bentmann. 86 Seiten, 27 Farbtafeln nach H. Burgkmair, 9,80 DM

Band Nr. 49
Johann Wolfgang von Goethe
Reineke Fuchs
Nach der Ausgabe von 1867. Nachwort von Walter Scherf. 36 Stahlstiche von Wilhelm von Kaulbach. 356 Seiten, 12,80 DM

Band Nr. 67
Ludwig Richter
Goethe-Album
Nach der Ausgabe von 1857. 40 Holzschnitte von Ludwig Richter. 82 Seiten, 6,80 DM

Band Nr. 85
Oscar Wilde
Salome
Mit den Illustrationen von Aubrey Beardsley. Nachwort von Gabriele Sterner. 76 Seiten, 16 Abbildungen, 7,80 DM

Band Nr. 95
Albrecht Dürer
Die drei großen Bücher
Marienleben–Große Passion–Apokalypse. Nach den Ausgaben von 1513. Herausgegeben von Horst Appuhn. 182 Seiten, 48 Holzschnitte, 9,80 DM

Band Nr. 100
Triumphzug
Kaiser Maximilians I.
Bilderfries aus 137 Holzschnitten.
Herausgegeben von Horst Appuhn. 205 Seiten, 137 Abbildungen, 9,80 DM

Band Nr. 108
Rebusbilder
Aus der Wiener allgemeinen Theaterzeitung. Nachwort von Fritz Bernhard. 92 Seiten, 46 Farbtafeln, 14,80 DM

Band Nr. 109
Grandville
Verwandlungen von heute
Nach der Ausgabe von 1854. Nachwort von Marianne Bernhard. 155 Seiten, 70 farbige Abbildungen, 14,80 DM

Band Nr. 128
Hishikawa Moronobu
Vergnügungen der Liebe
Nach der Buchausgabe von 1683. Herausgegeben von Franz Winzinger. 45 Seiten, 32 Abbildungen, 12,80 DM

Band 129
Albert Schindehütte
Sammelalbum
Werkverzeichnis der Druckgraphik. Texte von Peter Rühmkorf, Günter Bruno Fuchs und H. C. Artmann. Mit signierter Original-Radierung. 360 Seiten, 170 teilweise farbige Abbildungen, 29,80 DM

Band Nr. 130
Das Hausbuch der Cerruti
Nach der Handschrift in der Österr. Nationalbibliothek. Übertragung und Nachwort von Franz Unterkircher. 227 Seiten, davon 212 Farbseiten, 24,80 DM

Band Nr. 169
Pierre-Joseph Redouté
Die Rosen
Nach der Ausgabe von 1817–1824. Nachwort von Edmund Launert. 366 Seiten, 167 farbige Abbildungen, 29,80 DM

Band Nr. 175
Wilhelm Deutschmann
Theatralische Bilder-Gallerie
Wiener Theater in Aquarellen von Johann Christian Schoeller. Herausgegeben vom Historischen Museum der Stadt Wien. 192 Seiten, 81 farbige Abbildungen, 19,80 DM

Band Nr. 182
Jean Henri Marlet
Pariser Volksleben
Kolorierte Lithographien. Nachwort von Gretel Wagner. 156 Seiten, 68 farbige Abbildungen, 16,80 DM

Band Nr. 185
Götter und Dämonen
Handschrift mit Schattenspielfiguren. Nach der Ausgabe von 1848. Einführung von Clara B. Wilpert. 90 Seiten, 60 farbige Abbildungen, 24,80 DM

Band Nr. 186
Marianne Bernhard (Hrsg.)
Künstler-Autographen
Dichter, Maler und Musiker in ihrer Handschrift. 266 Seiten, 14,80 DM

Band Nr. 190
Thomas Rowlandson
Allerlei Liebe
Erotische Graphik. Nachwort von Gerd Unverfehrt. 124 Seiten, 50 farbige Abbildungen, 14,80 DM

Band Nr. 191
Michael Weisser
Medaillen und Plaketten
Europäische Medaillierkunst zwischen Historismus, Jugendstil und Art deco. 190 Seiten, 120 Abb., 12,80 DM

Band Nr. 201
Kitagawa Utamaro
Schatzkammer der Liebe
Nachdruck der Ausgabe um 1800. Herausgegeben von Franz Winzinger. 47 Seiten, 30 Farbseiten, 14,80 DM

Band Nr. 204
Jeannot Simmen
Ruinen-Faszination
In der Graphik vom 16. Jahrhundert bis in die Gegenwart.
225 Seiten, 115 teilweise farbige Abbildungen, 14,80 DM

Band Nr. 213
Marcus Elieser Bloch
Naturgeschichte der Fische I
Fische Deutschlands. Eine Auswahl. Nachwort von Christine Karrer. 201 Seiten, 82 farbige Abbildungen, 19,80 DM

Band Nr. 219
Jost Amman
Die Frauenzimmer
Die Frauen Europas und ihre Trachten. Nachdruck der Erstausgabe von 1586. Nachwort von Curt Grützmacher. 276 Seiten, 124 Holzschnittillustrationen, 9,80 DM

Band Nr. 234
Bella Napoli
Neapolitanisches Volksleben in kolorierten Lithographien von Gaetano Dura. Aufsatz „Neapel" von Ferdinand Gregorovius. 125 Seiten, 40 Farbtafeln, 16,80 DM

Band Nr. 237
Nicolas Robert
Tulpen
Miniaturen von Nicolas Robert. Nachwort von Armin Geus. 100 Seiten, 38 Farbtafeln, 14,80 DM

Band Nr. 245
Marcus Elieser Bloch
Naturgeschichte der Fische II
Ausländische Fische. Eine Auswahl von Christine Karrer. 167 Seiten, 82 farbige Abbildungen, 19,80 DM

Band Nr. 248
Heinz Schomann (Hrsg.)
Kaisergalerie
Die Herrscherporträts des Kaisersaals im Frankfurter Römer. 72 Seiten, 52 farbige Abbildungen, 16,80 DM

Band Nr. 250
Udo Andersohn
**Musiktitel
aus dem Jugendstil**
64 Beispiele aus den Jahren 1886 bis 1918. 152 Seiten, 64 Farbtafeln, 16,80 DM

Band Nr. 255
Christoph Jakob Trew
Erlesene Pflanzen
Nach den 100 kolorierten Kupfern der „Plantae selectae" aus den Jahren 1750 bis 1775. Erläuterungen und Nachwort von Edmund Launert. 146 Seiten, 100 farbige Abbildungen, 24,80 DM

Band Nr. 257
Philip Rawson
Erotische Kunst aus Indien
Miniaturen aus drei Jahrhunderten. 109 Seiten, 40 Farbtafeln, 14,80 DM

Band Nr. 267
Horst Appuhn (Hrsg.)
Heilsspiegel
Die Bilder des mittelalterlichen Erbauungsbuches „Speculum humanae salvationis". 138 Seiten, 80 Farbtafeln, 19,80 DM

Band Nr. 270
Henry Monnier
Aus der Bohème
Erotische Bilder. Nachwort von Rudolf Kimmig. 54 Seiten, 50 farbige Abbildungen, 14,80 DM

Band Nr. 273
C. J. Cela / P. Picasso
Geschichten ohne Liebe
Farbillustrationen von Pablo Picasso. 151 Seiten, 32 farbige Abbildungen, 14,80 DM

Band Nr. 274
Katsushika Hokusai
**Die hundert Ansichten
des Berges Fuji**
Fugaku Hyakkei. Gesamtausgabe. Erläuterungen von Franz Winzinger. 180 Seiten, 103 Abbildungen, 16,80 DM

Band Nr. 280
Carsten-Peter Warncke
**Bavaria sancta –
Heiliges Bayern**
Die altbayerischen Patrone aus der Heiligengeschichte des Matthaeus Rader. In Bildern von J. M. Sager, P. Candid und R. Sadeler. 317 Seiten, 138 Abbildungen, 14,80 DM

Band Nr. 288
Philippe Garner
Jugendstil-Glas

Gallé – Tiffany – Lalique. 102 Seiten, 40 farbige Abbildungen, 14,80 DM

Band Nr. 289
Fritz Winzer
**Die Stundenbücher
des Duc de Berry**
Les Belles Heures – Les Très Riches Heures. 141 Seiten, 60 farbige Abbildungen, 16,80 DM

Band Nr. 298
Frans Masereel
Mein Stundenbuch
Ein Bilderroman in 165 Holzschnitten. Nachdruck der deutschen Erstausgabe von 1926. Einführung von Thomas Mann. Nachwort von Rudolf Hagelstange. 223 Seiten, 165 Abbildungen, 14,80 DM

Band Nr. 301
Hugh Tait
Venezianisches Glas
Aus dem Englischen von Rudolf Kimmig. 275 Seiten, 240, teils farbige Tafeln, 24,80 DM

Band Nr. 303
Karl Blossfeldt
Urformen der Kunst
Photographierte Pflanzen
Nach der Ausgabe Berlin 1929.
272 Seiten, 100 Abbildungen, 14,80 DM

Band Nr. 312
Gabriele Grosse
Tapisserien
Herausgegeben von Armin Geus. 224 Seiten, 90 farbige Abbildungen mit handsignierter Originalradierung, 38,– DM

Band Nr. 312a
Vorzugsausgabe von 999 Exemplaren, mit drei lose beigegebenen, handsignierten Originalradierungen, 98 DM

Band Nr. 314
*HAP Grieshaber /
Margarete Hannsmann*
Grob, fein & göttlich
150 Seiten, 50 farbige Abbildungen, 16,80 DM

Band Nr. 315
Heinz Skrobucha
Ikonen

148 Seiten, 100 farbige Abbildungen, 24,80 DM

Band Nr. 319
Hendrick Lühl (Hrsg.)
Osaka-Holzschnitte
187 Seiten, 90 teils farbige Abbildungen, 19,80 DM

Band Nr. 321
Walter Crane
Das Blumenfest
Nachwort von Suzanne Koranyi-Esser. 102 Seiten, 40 farbige Abbildungen, 14,80 DM

Band Nr. 326
Johann Heinrich
Wilhelm Tischbein
Idyllen
Herausgegeben von Peter Reindl. 147 Seiten, 60 farbige Abbildungen, 19,80 DM

Band Nr. 332
Jacques Callot
Kleine und große
Schrecken des Krieges
Nachwort von Franz Winzinger. 110 Seiten, 40 Abbildungen, 9,80 DM

Band Nr. 337
Max Slevogt
Die Gemälde auf Schloß
Villa Ludwigshöhe
Nachwort von Berthold Roland. 145 Seiten, 60 Abbildungen, 19,80 DM

Band Nr. 343
Dolf Lindner (Hrsg.)
Hausner:
Werkverzeichnis
159 Abbildungen, 320 Seiten mit einer signierten Originalgraphik, 48,– DM

Band Nr. 343a
Vorzugsausgabe von 999 Exemplaren mit einer lose beigegebenen numerierten und signierten Originalgraphik, 128,– DM

Band Nr. 344
Jürgen Spohn
Ich, dein Bär
52 farbige Postkarten, 122 Seiten, 16,80 DM

Band Nr. 348
Herwig Guratzsch/
Gerd Unverfehrt (Hrsg.)
Gustave Doré

356 Abbildungen, 693 Seiten (2 Bände), je 14,80 DM

Band Nr. 349
Otmar Alt
Liebes-Buch der Elefanten
Erotische Aquarelle. Nachwort von Hanns Theodor Flemming. 56 Abbildungen, 118 Seiten mit einem signierten Originalsiebdruck, 38,– DM

Band Nr. 349a
Vorzugsausgabe von 999 Exemplaren mit einem lose beigegebenen, numerierten, signierten und um drei weitere Farben angereicherten Originalsiebdruck, 98,– DM

Band Nr. 355
Peter Paul Rubens
Palazzi di Genova
Herausgegeben und mit einem Nachwort von Heinz Schomann. 136 Abbildungen, 217 Seiten, 14,80 DM

Band Nr. 373
Fritz Janschka
Ulysses-Alphabet
Nachwort von John Norton-Smith. 54, meist farbige Abbildungen, 119 Seiten mit einer signierten Originalgraphik, 38,– DM

Band Nr. 373a
Vorzugsausgabe von 999 Exemplaren mit einer lose beigegebenen, numerierten und signierten Originalradierung, 128,– DM

Band Nr. 386
Hendrik Goltzius
Eros und Gewalt
Stiche aus der Werkstatt von Hendrik Goltzius. Mit einem Vorwort von Eva Magnaguagno-Korazija. 73 Abbildungen, 207 Seiten, 14,80 DM

Band Nr. 391
Bruno Bruni
Das druckgraphische Werk
1961–1976. 210 Abbildungen, 244 Seiten, 16,80 DM

Band Nr. 402
Simon Dittrich
Werkverzeichnis
146 meist farbige Abbildungen, 257 Seiten, einmalige,

numerierte Auflage von 5000 Exemplaren. Beigegeben farbige, handsignierte Originalgraphik, 38,– DM

Band Nr. 912
Vorzugsausgabe in 999 Exemplaren mit buchkünstlerisch gestaltetem Einband und beigegebener Originalgraphik (signiert und numeriert), 128,– DM

Band Nr. 410
Michael Parkes
Werkverzeichnis. Mit einem Nachwort von Hans Redeker. 96 meist farbige Abbildungen, 146 Seiten. Einmalige, limitierte Auflage von 5000 Exemplaren. Beigegeben farbige, handsignierte Originalgraphik, 38,– DM

Band Nr. 415
Michael Mathias Prechtl
Charakter-Bilder
Nachwort von Rolf Michaelis. 60 farbige Abbildungen, 177 Seiten, 19,80 DM
Erscheint Oktober 1983

Band Nr. 914
Ausgabe mit signierter Originalradierung, 48,– DM

Band Nr. 915
Vorzugsausgabe mit drei signierten und numerierten Originalradierungen, 138,– DM

Band Nr. 416
Wolfgang Hutter
Werkverzeichnis
Mit Texten des Künstlers und einem Nachwort von Dolf Lindner. 227 Abbildungen, davon 180 in Farbe, 300 Seiten, 28,– DM
Erscheint Oktober 1983

Band Nr. 916
Ausgabe mit signierter Originalradierung, 68,– DM

Band Nr. 917
Vorzugsausgabe in 999 Exemplaren mit signierter und numerierter Originalradierung, 138,– DM

Band Nr. 417
Die 102 illuminierten Seiten
der Gutenberg-Bibel
Nachwort von Eberhard König. 102 achtfarbige Abbildungen, ca. 250 Seiten, 28,– DM

Kunsthandwerk und Kleinkunst

Band Nr. 70
Elke Dröscher (Hrsg.)
Puppenwelt
172 Seiten, 80 farbige Abbildungen, 16,80 DM

Band Nr. 103
Elke Dröscher (Hrsg.)
Puppenleben
123 Seiten, 80 farbige Abbildungen, 16,80 DM

Band Nr. 108
Rebusbilder
Aus der Wiener allgemeinen Theaterzeitung. Nachwort von Fritz Bernhard. 92 Seiten, 46 Farbtafeln, 14,80 DM

Band Nr. 127
Fritz Bernhard
Ballspenden
Farbfotos von Elke Dröscher. 247 Seiten, 120 farbige Abbildungen, 19,80 DM

Band Nr. 131
Fritz Bernhard/
Fritz Glotzmann
Spitzenbilder
Kolorierte Pergamentschnitte. 188 Seiten, 84 farbige Abbildungen, 16,80 DM

Band Nr. 134
Reingard Witzmann
Freundschafts- und Glückwunschkarten aus dem Wiener Biedermeier
Herausgegeben vom Historischen Museum der Stadt Wien, 193 Seiten, 113 farbige Abbildungen, 19,80 DM

Band Nr. 140
Ernst Wolfgang Mick
Altes Buntpapier
175 Seiten, 89 farbige Abbildungen, 24,80 DM

Band Nr. 146
Eduard Polak
Bunte Eier aus aller Welt
181 Seiten, 80 farbige Abbildungen, 14,80 DM

Band Nr. 175
Wilhelm Deutschmann
Theatralische Bilder-Gallerie

Wiener Theater in Aquarellen von Johann Christian Schoeller. Herausgegeben vom Historischen Museum der Stadt Wien. 192 Seiten, 81 farbige Abbildungen, 19,80 DM

Band Nr. 185
Götter und Dämonen
Handschrift mit Schattenspielfiguren. Nach der Ausgabe von 1848. Einführung von Clara B. Wilpert. 90 Seiten, 60 farbige Abbildungen, 24,80 DM

Band Nr. 191
Michael Weisser
Medaillen und Plaketten
Europäische Medaillierkunst zwischen Historismus, Jugendstil und Art deco. 190 Seiten, 120 Abb., 12,80 DM

Band Nr. 195
Robert Lebeck
In Memoriam
Fotografien auf Gräbern. Einführung von Fritz Kempe. 175 Seiten , 80 farbige Abbildungen, 19,80 DM

Band Nr. 205
Fritz Bernhard/
Fritz Glotzmann
Fromme Bilderlust
Miniaturen auf kleinen Andachtsbildern. 205 Seiten, 97 farbige Abbildungen, 16,80 DM

Band Nr. 212
Gisela Zick
Gedenke mein
Freundschafts- und Memorialschmuck 1770–1870. 181 Seiten, 64, meist farbige Tafeln, 16,80 DM

Band Nr. 216
Rolf D. Schwarz
Neon
Leuchtreklame in den USA. 112 Seiten, 88 Farbtafeln. 19,80 DM

Band Nr. 218
Wolfgang Lauter
Schöne Laden- und Wirtshausschilder
131 Seiten, 69 Farbtafeln, 16,80 DM

Band Nr. 236
H. Fritz/M. Fritz (Hrsg.)
Blechspielzeug

In Farbaufnahmen von Elke Dröscher. Nachwort der Herausgeber. 162 Seiten, davon 80 Farbseiten, 19,80 DM

Band Nr. 243
Detlef Hoffmann/
Margot Dietrich
Die Dondorf'schen Luxus-Spielkarten
248 Seiten, 80 Farbtafeln, 19,80 DM

Band Nr. 253
Lotte Maier
Militärmarken
159 Seiten, 72 Farbtafeln, 19,80 DM

Band Nr. 277
Christian Warlich
Tätowierungen
Vorlagealbum des Königs der Tätowierer. Herausgegeben von Stephan Oettermann. Vorwort von Ulrich Bauche. 99 Seiten, 66 Farbtafeln, 16,80 DM

Band Nr. 278
Manfred Bachmann (Hrsg.)
Das Spielzeugmusterbuch
Nach der Ausgabe um 1850. 137 Seiten, 64 Farbseiten, 16,80 DM

Band Nr. 279
Robert Hiltbrand
Krippenfiguren
Populäre Weihnachtskrippen aus Italien.
178 Seiten, 80 farbige Abbildungen, 19,80 DM

Band Nr. 288
Philippe Garner
Jugendstil-Glas
Gallé – Tiffany – Lalique. 102 Seiten, 40 farbige Abbildungen, 14,80 DM

Band Nr. 301
Hugh Tait
Venezianisches Glas
Aus dem Englischen von Rudolf Kimmig. 275 Seiten, 240, teils farbige Tafeln, 24,80 DM

Band Nr. 317
Adalbert Roeper
Des Eisens schönste Formen
Kunstschmiedearbeiten aus fünf Jahrhunderten. 206 Seiten, 214 Abbildungen, 14,80 DM

Band Nr. 328
Lotte Maier (Hrsg.)
Aufbruch zum Himmel
Alte Flugmarken. Nachwort
von Werner Utter. 99 Seiten.
100 Abbildungen, 19.80 DM

Band Nr. 354
*Johann Willsberger/
Rainer Rückert*
Meißen
Porzellan des 18. Jahrhun-
derts. 192, meist farbige Ab-
bildungen,   300   Seiten,
29,80 DM

Band Nr. 362
Jürgen Abeler (Hrsg.)
Zeit-Zeichen
Die tragbare Uhr von Henlein
bis heute. 197, meist farbige
Abbildungen, 212 Seiten, 24,–
DM

Band Nr. 376
Heiner Sadler (Hrsg.)
Sonne, Zeit und Ewigkeit
Alte Sonnenuhren. 66 farbige
Abbildungen,   103   Seiten,
16,80 DM

Band Nr. 377
Horst Appuhn
**Bildstickereien des
Mittelalters
in Kloster Lüne**
66 teils farbige Abbildungen,
138 Seiten, 19,80 DM

Band Nr. 384
Gritta Hesse (Hrsg.)
Gemalte Illusionen
Wandbilder in Berlin. 96,
meist farbige Abbildungen,
158 Seiten, 19,80 DM

Band Nr. 400
Elke Dröscher (Hrsg.)
Puppen-Kochbuch
ca. 80 Abbildungen in Farbe,
Ca. 120 Seiten, 19,80 DM
Erscheint Juli 1983

Austriaca

Band Nr. 104
Salomon Kleiner
Das florierende Wien
Nach Kupferstichfolgen der
Jahre 1724/37. Nachwort von
Elisabeth Herget. 307 Seiten,
142 Abbildungen, 14,80 DM

Band Nr. 150
Alexander Baumann
**Ehrenbusch'n für
d'Österreicher Armee**
Nach der Ausgabe von 1853.
Nachwort von Sepp Joseph.
143 Seiten, zahlreiche Abbil-
dungen, 6,80 DM

Band Nr. 158
Erika Neubauer
Wiener Barockgärten
In zeitgenössischen Veduten.
201 Seiten, 84 Abbildungen,
14,80 DM

Band Nr. 188
Didi Petrikat
Wiener Läden
Mit Sätzen von Peter Handke.
96 Seiten, 86 farbige Abbil-
dungen, 14,80 DM

Band Nr. 199
Werner Bokelberg (Hrsg.)
Sisis Familienalbum
Private Photographien der
Kaiserin Elisabeth. Erläute-
rungen und Einführung von
Brigitte Hamann. 153 Seiten,
119 Abbildungen, 19,80 DM

Band Nr. 206
Werner Bokelberg (Hrsg.)
Sisis Schönheitenalbum
Private Photographien der
Kaiserin Elisabeth.
Erläuterungen und Einfüh-
rung von Brigitte Hamann.
168 Seiten, 129 Abbildungen,
19,80 DM

Band Nr. 266
Werner Bokelberg (Hrsg.)
Sisis Künstleralbum
Private Photographien aus
dem Besitz der Kaiserin Elisabeth. Erläuterungen und Ein-
leitung von Brigitte Hamann.
154 Seiten, 128 Abbildungen,
19,80 DM

Band Nr. 281
Werner Bokelberg (Hrsg.)
Sisis Fürstenalbum
Private Photographien aus
dem Besitz der Kaiserin Elisabeth. Erläuterungen und Einführung von Brigitte Ha-
mann. 145 Seiten, 120 Abbildungen, 19,80 DM

Band Nr. 285
*Max Schönherr/
Johann Ziegler*
**Aus der Zeit des
Wiener Walzers**
Titelblätter von Tanzkompo-
sitionen der Walzerfamilie
Strauß. 227 Seiten, 100, teils
farbige Abb., 14,80 DM

Band Nr. 307
*Carl Schütz/Johann Ziegler/
Laurens Janscha*
Die Wiener Ansichten
Die Wiener Straßenbilder
des Rokoko. Erläuterungen
und Vorwort von Christian
M. Nebehay. 134 Seiten, 52,
meist farbige Abbildungen,
19,80 DM

Band Nr. 339
Reingart Witzmann
Wiener Typen
92 Seiten, 50 Abbildungen,
16,80 DM

Band Nr. 414
Der Wiener Kongreß
Eine Dokumentation. Mit
einem Nachwort von Gerda
Buxbaum. Ca. 80 Abbildun-
gen, ca. 340 Seiten, 19,80 DM
Erscheint September 1983